A FAMÍLIA NO MUNDO EM TRANSFORMAÇÃO

Coleção
FAMÍLIA

• *Por que você não fala comigo?*
Diálogos e conflitos entre pais e filhos adolescentes, Saverio Abbruzzese (eBook)
• *A família no mundo em transformação,* Humberto Pereira de Almeida
• *Por que você não fala comigo?*
Diálogos e conflitos entre pais e filhos adolescentes, Saverio Abbruzzese
• *Mas você está me ouvindo?,*
Anna Bertoni; Barbara Bevilacqua (eBook)

FREI HUMBERTO PEREIRA DE ALMEIDA, O.P.

A FAMÍLIA
no mundo em transformação

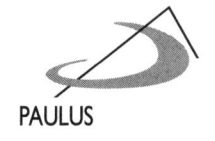

PAULUS

Direção editorial: *Zolferino Tonon*
Revisão: *Iranildo Bezerra Lopes*
    André Tadashi Odashima
Diagramação: *Dirlene França Nobre da Silva*
Capa: *Marcelo Campanhã*
Imagem da capa: *Ana Maria de Arruda Ferro*
Impressão e acabamento: PAULUS

Dados Internacionais de Catalogação na Publicação (CIP)
(Câmara Brasileira do Livro, SP, Brasil)

A família no mundo em transformação / Humberto Pereira de Almeida. — São Paulo: Paulus, 2010. — Coleção Família.

ISBN 978-85-349-3197-7

1. Família 2. Família - Aspectos morais e éticos 3. Família - Aspectos religiosos 4. Vida cristã I. Título. II. Série.

10-05015   CDD-248.4

Índice para catálogo sistemático:
1. Família : Prática religiosa: Cristianismo 248.4

Seja um leitor preferencial **PAULUS**.
Cadastre-se e receba informações
sobre nossos lançamentos e nossas promoções:
paulus.com.br/cadastro
Televendas: **(11) 3789-4000 / 0800 016 40 11**

1ª edição, 2010
2ª reimpressão, 2021

© PAULUS – 2010

Rua Francisco Cruz, 229 • 04117-091 – São Paulo (Brasil)
Tel.: (11) 5087-3700
paulus.com.br • editorial@paulus.com.br

ISBN 978-85-349-3197-7

DEDICATÓRIA

*Dedico este modesto trabalho ao ENCASA,
comunidade de casais com a qual
convivo em Goiânia há quase 30 anos.
É um grupo informal, que se reúne, semanalmente,
na Palavra de Deus, na oração e na reflexão,
procurando estar na dinâmica da Pastoral Familiar.
O ENCASA é uma comunidade solidária,
alimentando em seu seio amizade transparente
e vivendo a solidariedade.
Juntos, temos tido momentos de alegria
e nos consolamos mutuamente,
quando há motivos para lágrimas.
Não é um grupo santo, porque pecadores somos todos,
mas tentamos nos colocar em caminho de conversão.
É o apelo do Cristo: "Convertei-vos e crede no Evangelho".
Com estes casais, tenho aprendido que o amor não é
sempre fácil, mas só o amor
leva à unidade.*

Paróquia S. Judas Tadeu
Rua 242, nº 100 – Setor Coimbra
Goiânia - Goiás

APRESENTAÇÃO

DE IRMÃO PARA IRMÃO

Meu mano Frei Humberto, nascido e criado na roça, de uma família pobre e numerosa, carrega até hoje na alma esta marca: sentimental como todo sertanejo. Viveu e trabalhou duro na lavoura, na enxada ou no arado puxado a animais, até os dezoito anos. Foi então que resolveu seguir o caminho da vida religiosa dominicana, onde já se encontrava seu irmão mais novo. Com grande esforço e persistência, vencendo obstáculos, por vezes com a saúde abalada, aos vinte e oito anos de idade, foi ordenado sacerdote. Daí para a frente sempre se dedicou à pastoral, como pároco em cidade pequena, como a nossa Santa Cruz do Rio Pardo, interior de São Paulo, ou em cidades grandes, como Goiânia ou a capital paulista. Há mais de trinta anos, reside em Goiânia. Por longo tempo, prestou serviços à Conferência dos Religiosos do Brasil (CRB) e à Conferência Nacional dos Bispos do Brasil (CNBB Regional Centro-Oeste). Sempre se dedicou de corpo e alma à Pastoral Familiar. Fruto de muito estudo, reflexão e oração, com uma equipe, organizou um movimento de casais, que "batizou" com o nome de ENCASA. São casais que fazem encontros intensivos em fins de semana, para orar e refletir sobre a vida da Família; para pensar: "A Família, como vai?". Por ali já passaram certamente mais de mil casais, e, mesmo os que não participam comunitariamente, há entre eles forte vínculo de amizade. Fr. Humberto acompanha os casais em reuniões semanais para rezar e aprofundar sobre a vida a dois e com os filhos, levando-os a participar da pastoral na comunidade, cada um conforme seu carisma.

Fruto deste longo trabalho, desta caminhada paciente e perseverante, o mano lança agora para nós este livro: *A Família no mundo em transformação*. Não é, portanto, uma obra improvisada. Ela nasce depois de uma longa e refletida "gestação", que foi escrita com o coração. Vale a pena conhecê-la. Vejo nestas páginas o reflexo dos ensinamentos de nossos primeiros grandes mestres – Francisco e Ana, nossos queridos pais –, que, na simplicidade, na fé e na oração, nos trouxeram à vida.

A você, meu irmão de sangue e de vida religiosa dominicana, sempre irmão nas horas alegres e nos momentos por vezes conturbados, meus parabéns por este trabalho, que certamente ajudará a construir sobre a rocha muitas "igrejas domésticas", células vivas da sociedade. Obrigado, mano!

D. Celso Pereira de Almeida, OP
Bispo Emérito de Itumbiara

INTRODUÇÃO

Creio que podemos dizer que uma das experiências mais profundas que temos hoje é a experiência da instabilidade das coisas e da própria vida. O mundo já não é estável, nada está parado e a velocidade circunstante é sempre maior, e, na velocidade, vamos nós também. Parece que tudo está sujeito à mutação. Se alguém, por exemplo, tivesse saído de São Paulo há 50 anos e voltasse hoje, não a reconheceria. Tudo mudou, tudo se transformou. E, precisamos reconhecer, não mudou apenas o mundo exterior, também as pessoas mudaram no seu jeito de ser, de viver, na sua mentalidade, no seu modo de pensar. Temos de admitir que nem nós somos mais os mesmos. Até os valores mudaram para nós, e temos outros valores. Aliás, isso é normal.

Na dinâmica do mundo em que vivemos, no embalo das conquistas que conseguimos e das transformações que nos afetam, na onda do novo que sempre vem, a família talvez seja a que mais passa por evoluções. A família, como a vida, nunca é estática. A família de hoje se afasta muito do tradicional, porque tradicionais já não somos e fazemos questão de não ser.

Há uma preocupação generalizada sobre o assunto – família – e sobre ele muito se fala. A própria Igreja no Brasil, que, todos os anos, escolhe um tema ou um problema para reflexão, na sua Campanha da Fraternidade, que tem se tornado motivação de estudo e evangelização, particularmente no tempo pascal, em 1994 teve como tema-chave a família, com o *slogan* "a família como vai?". Naquele ano, muito se refletiu, se falou e se escreveu sobre a família, sob os mais diversos enfoques, dando grande impulso à pastoral familiar.

O mundo da família não é simples, conforme as reflexões que procuramos apresentar. É o mundo da nossa vida, sempre sujeito a tantos impasses na experiência do dia a dia. Talvez se possa dizer que hoje somos mais inquietos do que tempos atrás. A modernidade e a pós-modernidade, numa realidade em ebulição, mexeram conosco. Parece que tudo se transforma e nada mais é definitivo. Se somos frutos de um contexto, este tem peso incontestável em nossa vida e no convívio familiar.

De outro lado, precisamos convir que nem tudo é tão transitório, há muitos valores e princípios que estão na base da vida humana, e nos quais acreditamos, que não são em absoluto contingentes. Tendo grande parte das minhas atividades comprometidas com a pastoral familiar, e tendo boa convivência com famílias e casais, as minhas reflexões me levaram a entrar no questionamento: "a família, como vai?".

Não sou pessimista e estou firmemente convencido de que a família, em grande parte, vai bem. Contudo, se todos nós sofremos os impactos e impasses de um mundo inquieto, a família também sofre os seus percalços. Penso também que este núcleo fundamental da nossa vida, a família, deve sentar e pensar, para rever, avaliar e olhar para a frente, para continuar no caminho com segurança e não deixar que as coisas simplesmente aconteçam. Então tentei colocar por escrito um pouco das minhas convicções e preocupações a respeito. Com isso, espero vir ao encontro do nosso "mundo da família" e contribuir um pouco, sobretudo para a reflexão dos casais, dos pais e dos jovens.

Não é simplesmente porque um jovem e uma jovem se casam que já formam uma família estável. Eles vão construindo, devagar, o seu mundo. Não se pode simplesmente deixar a vida correr, é preciso conduzir a vida sobre bases sólidas. E, para nós que vivemos como cristãos batizados, comprometidos com o Evangelho, a vida, por agradável e bela que seja, é também constantemente um desafio. Ninguém pode simplesmente cruzar os braços e dormir tranquilo. É preciso controlar e administrar, se formos surpreendidos por noites de insônia – aliás, noites mal dormidas fazem parte do quotidiano. Tenhamos, pois, a convicção de que a vida é sempre uma construção inacabada, porém nunca estamos sós. A família é um mutirão e Deus caminha com a gente. E, no Antigo Testamento como agora, a aliança de Deus com o seu povo é bilateral – ele se compromete, mas espera compromisso também da nossa parte. Haja sempre paz em nossas famílias, porque é nelas que todos nós devemos ser construtores da paz.

1
O MUNDO DA FAMÍLIA

O mundo da família é o nosso mundo, o mundo de todos nós. Tivemos origem em uma família, nela desabrochamos para a vida e nos formamos como pessoas. A família é a nossa existência, o nosso aconchego. Talvez possamos dizer que nós somos o que é a nossa família. Ao pensar em escrever algo sobre este assunto, para mim, sacerdote, não me parece fácil, é até um grande desafio. Talvez por não ter experiência pessoal e por não viver no âmbito de uma família natural. Saí da casa dos meus pais na juventude, quando optei pela vida religiosa e sacerdotal. Encontrei outro sentido da família, vivendo com irmãos, como celibatário, na vida consagrada a Deus e à missão. Pela Igreja e pela minha fé, renunciei a constituir uma família. Vivo outro tipo de vida familiar. Contudo, creio que nunca perdi o senso da família, pela minha experiência de berço, pela convivência que tenho com pessoas e famílias, e também porque, em todo o meu ministério sacerdotal, sempre me dediquei preferencialmente também à pastoral familiar. Muito aprendi do Movimento Familiar Cristão, das Equipes de Nossa Senhora, dos Movimentos de Casais, com os quais compartilho grande parte da caminhada e onde tenho profundas amizades. De outro lado, escrever sobre a família é um desafio, porque a vida não é sempre simples como se pensa. O contexto da vida familiar é muito aberto, tão amplo como ampla é a vida, e também um mundo muito complexo, que compreende situações que atingem na profundidade a pessoa. Traz as grandes problemáticas da vida e o emaranhado das relações interpessoais. Mas é também um mundo de tanta riqueza e beleza, como rica e bela é a **vida**.

Tenho a impressão de que, em grande parte, estamos saindo do âmbito da família tradicional, onde pais e filhos sempre tiveram algo de muito próprio e privativo. Aliás, estamos saindo do senso do tradicional – a tradição pouco importa, o que conta é cada pessoa assumir e dar sentido direcional a si mesma. A família tem passado por enormes mudanças num mundo em constantes transformações. A família é célula de uma sociedade mais dinâmica. Hoje nada mais é estável e definitivo, tudo está em movimento, tudo muda.

Nós, cristãos, sempre vimos o casamento como sagrado, sacramental, e a família como pequena igreja, pautada em princípios estáveis, assentada na unidade que se forma na expressão de "uma só carne", lá do início da Bíblia. Porém, isso tudo, aos poucos, vai sendo superado, transfigurado, na realidade e na mentalidade comum. Tanto o casamento como a família vão perdendo, na consciência do próprio povo, a sua estabilidade e sacralidade. Nós fomos formados num regime de cristandade em que tudo era mais tranquilo. Tudo para nós sempre se enquadrou numa ótica de cristandade – a família, a política, as leis. É preciso reconhecer que os valores vão mudando. Hoje se insiste em que o Estado é laico, como laica é a sociedade e a própria família, e nada se deve reger por princípios tradicionais ou religiosos, mas por normas civis e universais. Nem é fácil conservar a moral na qual nós, mais velhos, fomos formados. Fala-se muito em ética, mas talvez uma ética que foge um tanto da conceituação religiosa. Aliás, a ética, em si, prescinde do "fato religioso". Precisamos reconhecer que pode ser mesmo o caso de fugir um pouco do "tradicionalismo cristão", entretanto sem se perder o senso da justiça e do respeito pela pessoa e pela vida.

Hoje a Igreja já não impõe normas ao mundo laico, e, se o fizer, encontra forte reação e chega até a ser ridicularizada. Nem sempre os nossos valores e os nossos dogmas são de aceitação universal e respeitados pela maioria. Aliás, hoje já se fala pouco em dogmas. Já é muito se conseguimos dar testemunho de retidão, defendendo a justiça e a ética, que se fundamentam no direito das pessoas e na dignidade da vida, mais do que nos pautarmos por princípios religiosos. A justiça do Evangelho é coerência básica da vida, mais do que princípios religiosos. A própria religião deve ter a justiça como pilar. É importante que construamos uma convivência na paz e na harmonia, que o nosso alicerce fundamental seja a dignidade humana. Estamos felizmente num momento mais ecumênico, isto é, de muito melhor convivência, compreensão e respeito entre as correntes e concepções religiosas.

É importante que se convença que ninguém se realiza em plenitude a sós. A pessoa humana, por natureza, é social, vive em relacionamento e compartilha com outros, sobretudo na constituição da família. O próprio Deus constata este fato: "não é um bem que o homem viva só" (Gn 2,18). A nossa primeira convivência é a convivência familiar. Nela aprendemos a nos socializar, e aprendemos também o sentido da vida.

No entanto o mundo da família não é muito simples, porque nem sempre fácil e tranquilo é o relacionamento humano. Vivemos na época da afirmação e projeção da pessoa como pessoa. É o reflexo de uma sociedade personalista, individualista, em que cada um se bate pelos "seus direitos", mesmo que, para consegui-los, tenha de pisar ou passar por cima dos outros, até mesmo sacrificando vidas.

A grande preocupação com a justiça em nossos dias foi um pouco a problemática de todos os tempos, basta lermos os grandes profetas do Antigo Testamento para constatar isso, ainda que hoje este problema seja muito mais agudo. Daí o reflexo da violência que atualmente ceifa tantas vidas e causa tantos dissabores. Esse fato não deixa de refletir pesadamente no seio das famílias, que são formadas no amor, mas a sua vivência não é sempre pacífica e tranquila, porque cada pessoa é um mundo que se descobre e se esconde.

O relacionamento humano exige renúncia de si, espírito de doação e despojamento, que sempre traz a sua dor, mas isso é evangélico, é exigência do amor, que é sair de si para encontrar o outro. O Evangelho não é simplesmente princípio de fé, mas de justiça e de vida. Então o mundo da família não é sempre um "mar de rosas", mas feliz de quem encontra na família o sentido da vida e aprende se abrir para o outro, para uma visão maior da realidade. Cada pessoa traz em si muito do que é a própria família, vive a paz que esta irradia, mas traz também os reflexos dos conflitos e interrogações que ela enfrenta. Todos temos em nós aquilo que é a família da qual fazemos parte, porque somos o que ela é e carregamos em nós os produtos e frutos do ambiente.

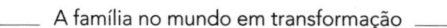

2

"UMA SÓ CARNE"

O livro do Gênesis nos traz um relato da criação do universo de um modo humano e podemos dizer poético. O Deus criador é alguém que age, até com as próprias mãos, admira-se da sua obra, fala, dialoga, sente-se cansado, descansa. Já passou o tempo de interpretar as Escrituras ao pé da letra. O importante é vermos a presença de Deus na origem do mundo, da vida. Deus pode muito bem ser criador sendo origem e dando assistência e energia ao universo através dos tempos e, sobretudo, sendo o primeiro princípio da vida. Não nos interessam teorias, conjeturas ou suposições, o que acreditamos é que Deus está na origem, ele é o autor de tudo o que existe. Diz o Evangelho de João: "No começo a Palavra já existia, a Palavra estava voltada para Deus, e a Palavra era Deus. No começo ela estava voltada para Deus. Tudo foi feito por meio dela, e, de tudo o que existe, nada foi feito sem ela. Nela estava a vida, e a vida era a luz dos homens" (Jo 1,1-4). No princípio existia a Palavra. A Palavra estava voltada para Deus e a Palavra era Deus. Tudo foi feito por meio dela e nada do que existe foi feito sem ela. João, em todo o seu Evangelho, afirma a divindade e eternidade do Cristo, a Palavra. Como Deus, Cristo é criador de tudo o que existe, e nada existe sem ele.

É particularmente eloquente a narração da criação da criatura humana que a Bíblia nos apresenta. No primeiro capítulo do Gênesis se diz que, depois de ter criado tudo, cada espécie em seu dia, Deus cria o homem, acrescentando: "homem e mulher Deus os criou". Por fim,

Deus se admira da beleza e riqueza de todo o criado e descansa. "Deus viu tudo o que havia feito, e tudo era muito bom" (Gn 1,31).

O capítulo 2, numa segunda narração da criação, fala do homem criado *só*, e Deus é apresentado como um artesão: "Então Javé Deus modelou o homem com a argila do solo, soprou-lhe nas narinas um sopro de vida, e o homem tornou-se um ser vivente" (Gn 2,7). Em seguida dá a entender que um dia o Criador encontra o homem e lhe diz: "não é um bem que o homem esteja só". Então Deus se faz cirurgião e criador: anestesia o homem num torpor, corta-lhe o lado, tira uma costela e dela modela a mulher. Adão acorda, admira-se da sua beleza, fazendo-lhe a primeira declaração de amor do mundo novo: "Este é o osso dos meus ossos e a carne da minha carne. Por isso o homem deixará o seu pai e a sua mãe e se unirá à sua mulher. E os dois *serão uma só carne*" (cf. Gn 2,19-24).

Há uma particularidade: segundo o Gênesis, em toda a criação, Deus fala e tudo passa a existir, a natureza e todos os seres vivos. Mas a criação do homem e da mulher é personalizada. No capítulo 1 ele diz: "façamos o homem à nossa imagem e semelhança" (1,14). No capítulo 2 Deus fala e age diretamente. Homem e mulher são criados um para o outro.

Eles serão uma só carne, portanto um ser único. Há uma complementaridade entre homem e mulher. O homem, só, é uma solidão, a mulher, só, é uma solidão. O homem e a mulher só existem em plenitude na união das próprias vidas, identificando-se, sendo uma coisa só. Ninguém é mais ou menos digno, são profundamente complementares na constituição da unidade: uma só carne. São duas criaturas física e psicologicamente diferentes, com personalidades próprias, seu jeito personalizado de ser e agir, mas, na masculinidade e na feminilidade, eles se completam mutuamente. Em cada um está a totalidade das pessoas e na união de ambos está a totalidade da vida, sendo eles uma só carne. Na união de homem e mulher está a plenitude da vida.

S. Paulo toma como base este texto do Gênesis para elaborar a sua bela teologia do Matrimônio, que ele chama de "grande mistério", em Efésios 5,25-33. Ele faz um belo paralelo entre o amor dos esposos e o amor de Cristo à Igreja, um amor que significa entrega mútua total. "Maridos, amem suas mulheres como Cristo amou a Igreja e se entregou por ela". Paulo diz mesmo que amar a esposa é amar a si mesmo, porque, no amor, esposo e esposa se identificam em profunda unidade. Esposo e esposa são um só corpo, como nós, Igreja, somos um só corpo em Cristo. Então Paulo volta à afirmação do Gênesis: "Por isso o homem deixará seu pai e sua mãe e se unirá à sua mulher, e os dois serão uma só carne. Este mistério é grande". Ele então conclui: "Portanto cada um de vocês ame a sua mulher como a si mesmo, e a mulher respeite o seu marido". Ser uma só carne, formar unidade no amor, é completar-se, no sentido mais profundo da existência humana. A vida humana em plenitude é complementaridade.

E quem não se casa, ou vive a sós, não está completo? Eu diria que não. No homem ou na mulher que vivem "sós" há sempre uma carência que deve ser compensada, e esta compensação não está apenas na sexualidade, não é apenas a sexualidade que faz de homem e mulher um só. É a comunhão de vidas, é a coexistência do masculino e do feminino. A sexualidade é tão somente uma parte da vida. Alguém pode não se casar porque não achou..., ou por uma opção própria, ou por não se sentir feito para o casamento. Alguém pode não se casar em vista da consagração total a uma missão, como o caso do celibatário ou celibatária, na vida religiosa ou presbiteral. Como sacerdote, eu não me sinto menos homem por não ter me casado, porque me compenso na consagração e no exercício da missão. Aqui encontro o sentido da minha vida. Sou plenamente feliz e estou convicto de me realizar em plenitude como pessoa, na missão que assumi na fé. Acredito que a pessoa pode ser profundamente fiel a esta missão, mas é necessário que tenha uma motivação maior para isso, uma fundamentação que é encontrada, sobretudo na fé e na impostação da vida a serviço. É preciso, porém, reconhecer que toda renúncia tem o seu peso. Quem renuncia a constituir família vive o peso desta renúncia, que é privação. Todavia, também como celibatário, tenho convicção e consciência de que homem e mulher encontram, na união, a sua complementaridade. Homem e mulher sentem a necessidade da "com-vivência". Aí eles se completam.

O masculino e o feminino se casam, completam as suas naturezas. Já se costumou dizer: são duas metades. Mas, na união, nem ele nem ela se aniquilam ou se anulam – cada pessoa continua sendo a pessoa que é. Todavia há algo que os leva a superar diferenças, a se identificar e estar sempre ao mesmo nível: é o amor, que leva a ver na outra pessoa parte de si, um pouco da sua própria vida. Porém não basta uma pessoa se colocar ao lado da outra para que a unidade se forme. É necessário que ambas se eduquem para a complementaridade, afim de que haja profunda vida em comum. Cada pessoa deve sair um pouco de si para que se encontre na outra. Não há verdadeira unidade de vidas sem despojamento de parte a parte. Até para seguir Jesus Cristo é necessário que haja renúncia e cruz: "Se alguém quiser me seguir, renuncie a si mesmo, tome a sua cruz e me siga" (Mc 8,24). A renúncia, a privação e a cruz fazem parte da vida. Também no conviver, sobretudo na vida comum entre homem e mulher, é fundamental que haja renúncia, certo desprendimento, esvaziamento de si. Muitas vezes se chega a pensar que felicidade é *ter* tudo o que se deseja. Não é quando a pessoa se faz centro e possui tudo que ela é feliz, isso é egoísmo. Ser feliz é saber partilhar e também ser capaz de dar algo de si. E também ter capacidade de receber do outro. Não somos felizes quando olhamos para nós, mas quando abrimos os olhos para o mundo e vemos também os outros. Não somos felizes quando cruzamos os braços, mas quando nos damos as mãos. Só somos felizes quando sabemos quebrar as arestas e compartilhar.

Ser uma só carne é conseguir vencer limites, saber ultrapassar barreiras. É no jeito mais sério e sisudo do homem e na graça cativante da mulher que acontece a simbiose da vida e se estabelece o equilíbrio na formação da unidade. "Os dois serão uma só carne."

3
AMAR É SAIR DE SI

Procuremos aprofundar um pouco mais o que dissemos no capítulo anterior. De todos os seres vivos do universo, a pessoa humana é a única criatura capaz de ter relacionamentos primários, de estabelecer intercâmbios de comunicações e sentimentos, é a única capaz de amar. É muito bonito ver um bando de pássaros em gorjeios festivos, voando e pousando sempre juntos, ou uma manada de animais quase sempre lado a lado. Porém, os animais até podem se aproximar, formando convivência na própria espécie, mas é sempre um viver lado a lado, sem uma consciência ou conhecimento mais profundo, em intercomunicação maior. Entre as pessoas não há simplesmente o viver lado a lado, mas um diálogo de vidas e comunicação na própria existência. A comunicação interpessoal não é fria, mas de intimidades. Comunicação que é tanto maior quanto mais vital, e quando a pessoa sai de si para encontrar o outro, a outra, num intercâmbio de vidas maior, acontece o amor. Amor que forma comunhão – coexistência vital. Fala-se muito em amor, mas nem sempre se pensa no seu sentido mais profundo. Amar é sempre um dar a vida por quem se ama. Tanto é que Jesus Cristo disse que "ninguém ama mais do que aquele que está disposto a dar a vida por quem ama" (Jo 15,13). E isso ele disse por experiência própria. Então amar não é satisfazer-se, mas encontrar em profundidade outra pessoa. Amar é sempre sair de si para o encontro. Não há amor sem despojamento. O amor é sair do egoísmo, o amor nunca é centralizador, nem pode trazer sensação de felicidade a uma só pessoa.

Amor é encontro, é comunhão, é existência em comum, quase uma só existência.

Se isso traz luz à convivência humana, traz luz maior à convivência do homem e da mulher na sua comunhão de vidas, onde há uma complementaridade por opção, um doar-se, como vemos no livro do Gênesis.

Homem e mulher não se casam à primeira vista, no primeiro encontro. O amor pode começar ao se iniciar uma aproximação, mas ganha consistência aos poucos, sempre com tendência a crescer. O amor se forma no "querer bem", na simpatia, que cresce à medida que o conhecimento se aprofunda. Um jovem e uma jovem se encontram num diálogo, de início superficial. Esse diálogo vai se tornando mais consistente e mais aberto, até se fazer comunicação de vidas. Assim, o namoro vai tomando pé, os dois vão se descobrindo um ao outro, à outra, e sempre mais vão se sentindo "um". Talvez um dia eles se digam mutuamente, de modo muito natural: "sem você não vivo mais, você é a razão da minha vida". Um ser a razão da vida do outro é algo de muito sério. Isso acontece quando ele e ela descobrem que amor é sair de si para formar com o outro, a outra, uma só carne. Os dois percebem que vão amadurecendo para a vida. Poderíamos até convir que, desde o primeiro encontro, o casamento vai acontecendo. Sempre digo aos noivos: vocês começaram a se casar desde o início do namoro. No namoro e no noivado se lançam os alicerces. O casamento é uma construção dinâmica. Os alicerces de uma edificação vão se construindo. Sem alicerces, nenhum edifício se sustenta.

Uma vez casados, está tudo pronto? Não está, é agora o início de um comprometimento maior. Todo processo vital é algo que vai se construindo lentamente. O casamento não tem abrangência de um dia, mas de uma vida, como o amor não é momentâneo, mas é a vida que se vive. Quando duas pessoas se casam, não assumem a vida de um momento, mas a vida que se projeta para o futuro. O que dá garantia é o amor-despojamento, amor que é sair de si no encontro com outra pessoa.

Um casal não é feliz quando cada um se fecha na própria felicidade, mas quando cada um é capaz de sair de si para se encontrar na felicidade do outro. É só a escola da vida que ensina isso. É sempre algo que se vai construindo, assim como, quando dois jovens se casam, mesmo tendo uma profissão, um projeto, os seus caminhos não estão abertos. Os caminhos da vida devem ser abertos pelas próprias pessoas que andam – é caminhando que se abrem caminhos. E as barreiras, obstáculos que podem aparecer? Devem ser ultrapassados. Os obstáculos fazem parte da dinâmica da vida, são feitos para que os movimentos sejam mais lentos e prudentes, para que haja mais segurança, para que se tome consciência de que é preciso que se avance com responsabilidade, sem precipitação. E os problemas que aparecem? São desafios a serem vencidos. Quem não tem problemas? A vantagem do casal bem constituído é que os impasses devem ser resolvidos por ambos, em partilha, e não por cada um isoladamente. Para tudo isso é necessário que haja em ambos a capacidade de sair de si para formar comunhão no amor. Este amor não acaba? Até pode acabar, quando uma das partes, ou ambas, volta para si e se fecha, sem capacidade para se abrir, e perde o senso da comunhão de vida com o outro, a outra. O verdadeiro amor não envelhece, mas se torna sempre mais substancial na unidade.

Na minha convivência com casais, já presenciei testemunhos belíssimos e eloquentes neste sentido, a partir de minha família. Os meus pais, depois que a última filha se casou, passaram novamente a viver "enfim sós". Como eles foram envelhecendo sempre mais comprometidos mutuamente! Tinham dificuldades, sim, mas eram serenos em resolvê-las a dois. Eram semianalfabetos, mas tinham a experiência e a sabedoria de uma vida edificada no amor. – Acho bonito ver um casal maduro nos anos num diálogo tranquilo, sempre com um sorriso nos lábios. Fico observando e admirando de longe... Já cheguei a perguntar: Vocês hoje vivem sós, estão sempre juntos, vocês sempre têm assunto? A vida não lhes é monótona? Tenho recebido a resposta: De jeito nenhum, somos sempre mais enamorados! – Só o amor é capaz de fazer as pessoas sair de si e comungar a vida. A vida nunca é uma construção pronta, é um edifício inacabado, a sempre continuar construindo. Para os que se amam de fato nunca há rotina, a própria vida se transforma em um diálogo inacabado e agradável.

4

O CASAMENTO

Via de regra, o casamento significa a chegada das pessoas à maturidade. Ele e ela já não são crianças; devem, portanto, estar em condições de assumir a vida e partir para os próprios destinos. Despedem-se de papai e mamãe e assumem a autonomia como pessoas. Por muito jovens que sejam, já não são adolescentes.

O casamento sempre foi tido pelos jovens e pelas suas famílias como acontecimento marcante, que envolve também todo o leque das suas amizades, a família maior. Normalmente o clima é de festas, quaisquer que sejam as condições culturais, econômicas ou religiosas das pessoas. É preciso dar destaque ao evento. Casamento não é simplesmente uma celebração ou uma união sentimental, mas significa um compromisso maior que leva as pessoas a uma mudança total no seu ritmo de vida.

Aqui há um fato que tem o seu peso: olhando para o mais remoto passado, vemos que, desde que a história tem o seu registro, a religião faz parte da vida. Que a sua base seja um único Deus ou uma pluralidade/multiplicidade de deuses ou divindades, a consciência religiosa nunca deixou de ser uma constante na vida humana. Isso sempre foi realidade, mesmo em países ou regiões em que se tentou suprimir, até pela força, a religião do seio do povo. Sirva de exemplo a União Soviética, no regime forte que durou décadas no século XX, onde a fé e o sentimento religioso do povo não desapareceram, não obstante a pressão contrária da cúpula. Quando os europeus chegaram ao novo mundo, encontraram os "povos primitivos" que viviam distantes ou eram inexistentes para o mundo da época, com as suas crenças e suas divindades, ainda que às vezes materializadas na própria natureza: as ainda hoje chamadas religiões pré-colombianas. Nos recenseamentos oficiais, realizados no Brasil pelo IBGE (Instituto Brasileiro de Geografia e Estatística), como no do ano 2000, os que declararam não acreditar em Deus são uma porcentagem mínima. Mesmo não tendo nenhuma participação religiosa, o fato religioso está no íntimo das pessoas e faz parte da vida.

É normal então que os acontecimentos e eventos mais importantes da vida sejam colocados em ótica religiosa e em perspectiva de fé. De outro lado, a religião nunca foi algo inteiramente pessoal, mas tem cunho comunitário, social, envolvendo a família e a coletividade. Vemos então que, na história, o casamento sempre foi evento plural e religioso, celebrado na fé. O casamento não é simplesmente um ato, mas uma celebração que marca um momento forte da vida. O livro histórico mais antigo que temos em mãos é a Bíblia, que fala de casamentos realizados e celebrados em ótica de fé. O livro do Gênesis nos faz ver que, no próprio ato da criação, Deus liga o homem à mulher, dizendo que "não é bom que o homem viva só". Portanto, é o próprio Deus que os une. Jesus Cristo diz que *"o que Deus uniu o homem não separe"*. Vemos na Bíblia o casamento como evento festivo e celebrado na fé, como entre Isaac e Rebeca, em Gn 24, entre Tobias e Sara, no livro de Tobias, que nos é apresentado como um belo romance dentro da Sagrada Escritura. Na celebração do casamento de Caná da Galileia (Jo 2,1-11), acontecido em clima festivo, com participação de Jesus, de Maria e dos Apóstolos, Cristo opera o seu primeiro milagre.

Nós temos o casamento como um dos sete sacramentos da Igreja. Um sinal que, em Cristo, santifica o amor e traz graça-força de Deus que revigora a própria vida, no sentido de compromisso e união entre duas pessoas. Porém, a história do casamento nem sempre foi bonita e linear. É preciso ver e aceitar a história como ela foi, na contingência de cada tempo. Houve época, mesmo na era cristã, em que os pais contratavam o casamento dos seus filhos, ainda crianças, segundo conveniências econômicas, religiosas ou de classes. Nos séculos IX e X, os casamentos

O casamento

eram quase sempre combinados pelos pais, sem o consentimento da mulher, com frequência, excessivamente jovem. A sua pouca idade era um dos motivos da não importância que os pais davam à sua opinião ou aceitação. Diziam que estavam providenciando o melhor para ela, que então não tinha capacidade para o discernimento. Até se tornou habitual a expressão: a jovem é "dada" em casamento. Celebravam-se casamentos até de crianças, enlaces que seriam assumidos mais tarde, se é que isso viria a acontecer. O casamento não tinha como motivo fundamental o amor, nem sempre era precedido pelo namoro dos jovens. O amor mais tarde poderia aparecer ou não. Com isso, muitas vezes os jovens forjavam raptos ou fugas, para se casarem por opção própria depois do fato consumado.

Em tudo isso, a mais prejudicada era a mulher. Aliás, no passado remoto, era unicamente o homem que fazia a história, que ditava as normas. O papel da mulher era obedecer, o homem sempre esteve na posição de mando, de chefe. O machismo reduzia a mulher a certa escravidão. O homem sempre se considerou a cabeça da família. E a mulher? "Dona de casa", como é dita ainda hoje. Dona do que, quando o homem é o senhor? Diríamos que ela sempre foi, e talvez em muitos casos ainda seja, a "serviçal" da casa. Certa inferioridade da mulher, "sexo frágil", sempre teve uma conotação muito forte também na história do casamento e no contexto da vida familiar e social.

Hoje, como estão os nossos casamentos? Penso que se caminhou muito no que diz respeito ao relacionamento homem-mulher. Há um equilíbrio maior. Fala-se muito em emancipação da mulher. Se concordarmos que tem havido emancipação, reconhecemos também que a mulher não era emancipada. É um termo até um tanto forte; o dicionário português Lello, no verbete emancipar, diz: "dar emancipação, libertar, receber a emancipação, libertar-se. Emancipação, libertação, alforria"; "alforria: liberdade concedida ao escravo pelo senhor". Contudo, se hoje há equilíbrio maior, se a mulher tem galgado posições em muitos setores da vida, até na profissão e na política, é preciso reconhecer também que o machismo ainda está em nosso sangue e até, muitas vezes, na cabeça das próprias mulheres. Então acontece com frequência que se parta para uma reação contrária – o feminismo exacerbado. A solução onde está? Penso que não seja questão de alimentar confrontos, nem de se igualar ou ver quem está em cima ou embaixo. Masculino e feminino fazem parte da natureza, cada um sendo o que é, no seu jeito de ser e na sua dignidade na constituição da harmonia humana. Masculino e feminino não se excluem nem se confrontam, mas se completam.

O casamento hoje

É o caso de nós, como Igreja, perguntarmos: o casamento religioso, como está sendo celebrado, assumido e vivido?

Como observamos anteriormente, o casamento sempre foi celebrado em clima festivo, pelo que ele significa para os nubentes, suas famílias e para a comunidade de amigos. Nada de mal nisso, é um bem que o casamento seja uma festa. Infelizmente, porém, o casamento passou a comportar tamanha montagem festiva, e tudo se reduz praticamente à festa. A religiosidade do mesmo, na sua celebração, quando percebida, acaba ficando num plano muito distante. É muito bom que se comemore, mas por que dar ao fato uma pomposidade excessiva e gastar tanto dinheiro, muitas vezes além das possibilidades das famílias envolvidas? Há pouco foi publicada, em jornal de Goiânia, extensa reportagem sobre os gastos que se tornaram habituais em casamentos, dizendo quanto se gastam em recepções, aluguéis de espaços, bufês, decorações de igrejas, cerimoniais, fotografias, filmadores, flores etc. Dizia a reportagem que em casamentos relativamente modestos se gastam de R$ 20.000 a 30.000, e há casos em que as despesas ficam em até R$ 100.000 ou mais. É muito natural então que, neste emaranhado de preocupações, se perca a consciência da religiosidade do casamento. Celebrar na igreja é uma necessidade social. Nos meus longos anos de sacerdócio, várias vezes noivos chegaram ao altar semialcoolizados, ou alcoolizados mesmo, porque não conseguiram "desopilar o fígado" pelo tanto que beberam no almoço ou durante o dia...

Se perguntarmos a um dos participantes: O que entra necessariamente na celebração de um casamento? A resposta talvez será:

uma igreja bem ornamentada, com passadeiras, flores, convidados que chegam em conversas animadas, acomodando-se como o fariam em qualquer salão; fotógrafos procurando postos estratégicos, armados de suas máquinas e filmadoras; equipes de músicas e cânticos, fazendo ouvir seus acordes ou pequenos ensaios; um padre, às vezes meio sem jeito, que quase não se expõe. Na porta central ajeitam-se, orientados por mestres de cerimônias, noivo, padrinhos, quase sempre de oito a doze casais para noivo e noiva, damas de honra e porta-alianças, com vestidos de gala. Frequentemente os atrasos são consideráveis. Ao som da música, começam a entrar os padrinhos, tomando os seus lugares já reservados. Vem o noivo com sua mãe, para aguardar a chegada da noiva, peça principal do evento. Chegam as daminhas de honra, os fotógrafos se movimentam. Explode o som da corneta, inicia a música da marcha nupcial, aparece a noiva como princesa, de branco, com véu e grinalda, distribuindo sorrisos e acenos. Finalmente entra o celebrante. Os noivos tomam os seus lugares e tem início uma liturgia, frequentemente intercalada por músicas e cânticos, mas quase ninguém percebe nada, talvez nem mesmo os noivos, que têm algo "mais importante" para pensar, ou estão incapacitados de pensar. Também o sermãozinho do celebrante passa mais ou menos despercebido, o clima é muito dispersivo. E a celebração religiosa? Quase não se percebe. Talvez se tenha rezado um Pai-Nosso ao final, mas termina mesmo com os cumprimentos e, mais tarde, a recepção festiva em espaços requintados.

De fato, as celebrações habituais do casamento em nossas igrejas acontecem mais ou menos como acima. Esta não é uma caricatura, é uma realidade. Poderíamos perguntar: Em que clima se realiza a celebração sacramental? Os próprios nubentes, que dizemos serem os ministros do sacramento, que consciência têm?

Diversas vezes perguntei a casais até de participação de igreja: Por que vocês se casaram só no civil? Muitas vezes recebi como resposta: Porque não tínhamos possibilidade de gastar muito. Como se o casamento religioso, em si, ficasse caro. É certo que ainda é comum haver nas paróquias alguma taxa para o casamento religioso, mas é muito insignificante e não está fora do alcance de ninguém, taxa que pode ser dispensada em casos concretos. Os grandes gastos não são feitos com a paróquia, mas com a faustosidade do evento.

É comum hoje a exigência, pelas próprias paróquias, de "cursos de noivos" antes do casamento. Mas é um encontro de apenas algumas horas e não "diplomam" ninguém para o casamento e menos ainda para a vida. Penso que estes "cursos" precisam ser repensados. Nada adianta jogar sobre os noivos reflexões pesadas ou doutrinação. Eles precisam amadurecer numa preparação responsável e tomar consciência da sacralidade do matrimônio e da seriedade do passo que vão dar. O namoro e o noivado devem ser um período de diálogo vital na construção dos alicerces de uma vida em comunhão, o embasamento no qual o amor leva a superar as diferenças e a construir a identificação.

Os casamentos civil e religioso sempre foram tradição. Porém muita gente, até de relativa vida cristã, vive em união informal, sem "papel passado", sem nenhum peso de consciência. Penso que aqui cabe um questionamento: É um bem que o casamento religioso continue sendo tradição? Sejamos francos, a vida cristã não deve ser vivida apenas como tradição, mas assumida como convicção e compromisso. Quem não assume o casamento como sacramento e na fé, como grande parte dos casais, por que realizar a celebração religiosa?

Casamento, matrimônio, é sacramento. O que significa isso? Antes de tudo significa que, para nós cristãos, fé e vida não se separam. Vivemos acreditando que Deus age na vida. O Sacramento é um sinal, uma marca de Cristo na vida, com uma graça-força para assumirmos uma responsabilidade. Na fé, nós nos vestimos de uma responsabilidade. Marido e mulher, que vivem o amor-compromisso, necessitam de uma força especial, como que um apoio de Deus que os acompanha, para serem "um só", como diz Gênesis 2 e S. Paulo, de um modo tão bonito, em Efésios, 5,25-33. Mas uma celebração sacramental, como o matrimônio, não é um ato que produz toda a graça-força uma vez celebrado. É preciso ser assumido na consciência e na vontade. Marido e mulher que vivem o seu matrimônio devem ter consciência de que Deus está agindo nos dois por um sacramento.

O casamento

Volto a repetir: casamento não se improvisa. É como um edifício, que tem necessidade de alicerces e fundamentos para a própria sustentação e estabilidade. Diria que o casamento começa no início do namoro de um jovem e uma jovem. Eles vão amadurecendo, crescendo e se formando no amor, num diálogo sempre aberto sobre tudo o que lhes é importante na vida. O namoro, o noivado, vão edificando as bases, os alicerces da futura família. Ao chegar a um compromisso maior e oficial, celebrado publicamente na fé, eles não vão começar, mas terão como base a fundamentação já lançada – o casamento já começou e vem se fazendo. Com a celebração, novos horizontes lhes são abertos e também terão caminhos a se abrir. O casamento não é apenas a celebração, é a vida que se abre com novas esperanças. Só tem motivos para esperar quem se compromete com a construção. A vida não pode ser monotonia, mas deve ser sempre a novidade de cada dia. Ambos serão tanto mais felizes quanto mais eles forem "uma só carne".

5
MATRIMÔNIO – SACRAMENTO NA VIDA

Nenhuma celebração sacramental é transitória ou momentânea, terminando tudo aí. Todo sacramento confere uma graça – força de Deus – para a vida e nenhum sacramento se reduz a um ato. Poderíamos dizer que todo sacramento é um sinal, presença de Deus que fortifica e santifica em projeção dinâmica. Se o batismo, por exemplo, é um nascimento, é nascimento para viver, desenvolver, não para continuar sendo germe de vida. Tem de ser resposta, que deve ser dada a seu tempo, significando compromisso para a vida. Nenhum sacramento acaba ao ser celebrado, mas é aí o começo de uma vida-resposta.

Assim também é o matrimônio. O casal se encontra na comunhão de vidas para viver um estado novo em vias de estabilidade, e para isso conta com uma presença especial de Deus, na graça sacramental. É por isso que, normalmente, homem e mulher casam-se na juventude, para viverem em plenitude a vida que se abre. É muito significativo que, nos momentos e contingências fundamentais da vida, tenhamos um sacramento como presença e garantia de que Deus está em nosso caminho, nos anima, nos fortifica e nos acompanha. Quando homem e mulher se despertam para o amor mútuo e oficializam a sua aliança, Deus está aí, como "grande mistério", no dizer de S. Paulo, mas mistério não escondido, está patente, sensivelmente fortalecendo as pessoas no desempenho da missão de ser "uma só carne" na fecundidade da vida. Então casamento, matrimônio, não é apenas um ato, parte das festividades de um dia, é uma vida que se perpetua em Deus, fonte do amor. É o sacramento do amor, que não é um momento, mas uma vida. Casamento-Sacramento não é simples legitimação de uma união, mas fonte e sustentáculo da união de duas pessoas enquanto vivem.

O casal cristão que vive a fé precisa sentir que casamento é uma presença de Deus que é vida na vida da gente. Porém, a vida cristã não pode ser uma semente que ficou necrosada numa celebração acontecida na infância ou em celebrações sacramentais contingentes. Não basta ser batizado para ser cristão, ser cristão é ser militante. Era latente na Igreja do pós-Pentecostes que o batismo era sério compromisso com o Cristo ressuscitado da parte de quem se batizava, batismo era adesão, aceitação, resposta à evangelização. A aliança que Javé assumiu com o povo em Moisés foi bilateral – de parte a parte. Vida cristã tem de ser resposta permanente a um Deus que continua falando, e não pode estar falando sozinho, mas num diálogo que é compromisso com o Evangelho. Vida cristã é Deus que continua abrindo caminhos com a gente. Mas nós não podemos ser passivos, temos de dar a nossa parte. Só recebe a graça sacramental quem se dispõe a ela e entra na sua dinâmica.

Se o casal tiver esta vivência sacramental do matrimônio, ele sente em si o que diz S. João na sua epístola: "Deus é amor" (1Jo 4,8). "Se nos amamos uns aos outros, Deus está conosco, e o seu amor se realiza completamente em nós" (id. 4,12). O amor – matrimônio – não pode ficar embotado no seu começo, mas precisa se desenvolver, tornar-se experiência, vida que se vive. Deus é sacramento do amor na vida do casal que vive na convicção de que o casamento não é algo apenas pessoal, mas missão que Deus confia, em conjunto com outra pessoa, diante do mundo e, particularmente, diante dos filhos.

Temos certeza de que nós não vivemos a inesgotável riqueza dos sacramentos da Igreja por falta de consciência, da nossa parte, de que cada sacramento é uma presença forte de Deus reavivada em momentos e circunstâncias diferentes da nossa existência. Porém, a graça sacramental não nos é dada gratuitamente, mas pede a nossa disponibilidade, temos de ir ao encontro dela, precisamos assumi-la. Acabamos recebendo os sacramentos fugazmente, sem nenhum enraizamento evangélico. Assim também o matrimônio. É necessário viver a união conjugal como graça-presença de Deus na vida para os que se encontram na alegria de viver. Compromisso precisa ser fidelidade vivida.

6
"NÃO SEPARE O HOMEM O QUE DEUS UNIU"

Com essa afirmação, Jesus fecha uma discussão. Uma pergunta capciosa lhe é feita para provocá-lo, e o questionamento colocado não deixa de ser machista – quem levava a pior era a mulher. A questão era sobre mandá-la embora quando houvesse algum motivo: "Pode alguém repudiar a sua mulher por qualquer motivo? Ele responde: 'Não lestes que no princípio o Criador os fez homem e mulher? E disse: por isso o homem deixa seus pais, junta-se à sua mulher e os dois se tornam uma só carne. Portanto, o que Deus uniu, o homem não separe'. Replicaram: Então, por que Moisés mandou dar-lhe ata de divórcio ao repudiá-la? Respondeu-lhes: 'Por vosso caráter inflexível, Moisés vos permitiu repudiar vossas mulheres. Mas no princípio não era assim. Eu vos digo que, quem repudiar sua mulher – se não for em caso de concubinato – e se casa com outra, comete adultério'" (Mt 19,3-9).

Os exegetas, isto é, especialistas em teologia bíblica, discutem o texto de Mt 19 no contexto da discussão de Jesus com os fariseus e como apelo ao projeto original de Deus ao criar o homem e a mulher.

O "caráter inflexível" é a dureza de coração ou mental, resistência em se submeter à vontade de Deus. Respondendo à interpelação sobre a separação do casal, parece que Jesus deixa uma abertura em relação à mulher, sobretudo por causa do posicionamento dos rabinos, que eram mais liberais com os homens, o que ele não aceita. Diante da sua resposta firme, não os que o interpelam, mas os discípulos não se conformam: "Se a situação do homem com a mulher é assim, então é melhor não se casar" (Mt 19,10). Jesus fecha a discussão dizendo: "Quem puder entender entenda". Por que é sempre o homem que deve mandar embora a mulher?

Abordar a questão da estabilidade-indissolubilidade do casamento significa entrar num problema muito sério da vida prática, um problema-questionamento que sempre voltou na história de todos os tempos. A Igreja católica tem o casamento como indissolúvel, ainda que normalmente se reconheça que, em muitos casos, a separação seja uma exigência da própria vida. Mas casamento realizado validamente não se anula. Ainda separados os cônjuges, o vínculo permanece.

Há, porém, uma consideração que é preciso fazer: a estabilidade é exigência do bem da própria família, particularmente dos filhos. Não se casa para fazer uma experiência, mas é um compromisso que se assume, e é Deus que une o homem e a mulher. Esta afirmação aparece várias vezes na Sagrada Escritura. Porém, a pessoa humana é imprevisível e nem sempre tem uma linha tranquila na vida. Pode acontecer que se chegue a um ponto em que a convivência já não seja possível e a única solução seja a separação – são dramas humanos. Há, contudo, uma concepção um tanto burguesa que encara o casamento com leviandade, como com frequência no mundo artístico e no mundo dos astros do esporte. As mesmas pessoas passam muito normalmente pelos casamentos mais badalados, com repercussões estrondosas na mídia. Casamentos que se fazem e se desfazem com muita facilidade e leviandade. As pessoas estão sempre no jogo das conveniências imediatas.

Não pretendo entrar a fundo nesta problemática, nem trazer argumentos de ordem jurídica ou moral, mas é bom refletir um pouco sobre este impasse muito comum. Há, nos tempos atuais, um senso de transitoriedade em tudo, e isso tem um peso muito forte sobre nós. Parece que nem a verdade é definitiva, aliás, já não se sabe o que é a verdade, como Pilatos não o sabia. No diálogo áspero que precedeu a Paixão, quando Jesus disse: "Eu nasci e vim ao mundo para dar testemunho da verdade", Pilatos lhe perguntou: "O que é a verdade?" (Jo 18,37-38). Jesus não lhe respondeu, porque quem não sabe o que é a verdade não merece resposta.

Talvez estejamos nos mentalizando sempre mais pelo "transitório". Será que realmente tudo é transitório e nada mais é definitivo, nem os nossos compromissos maiores que envolvem mais pessoas ou mais vidas? Por que viver presos a decisões tomadas, quando elas se tornam pesadas e as motivações iniciais já se perderam? Ou por acaso somos nós que, muitas vezes, chegamos a tomar decisões e nos comprometer sem bases sólidas e sem o amadurecimento necessário? Como acontecem tantos casamentos? Um jovem e uma jovem passam por um período de namoro e de noivado, às vezes mais, às vezes menos longo, e decidem, a critério deles, quando devem dar o passo decisivo. Porém, nem sempre o fazem com maturidade satisfatória e perfeita tranquilidade. Amadurecem eles na corresponsabilidade e numa identificação maior? Talvez tenha o seu peso ainda a convicção do transitório.

O casamento não é um ato do momento, como já observamos, mas um processo que deve ser assumido conscientemente na vida. A sua celebração pode ser efetuada em poucos minutos, mas os que se casam assumem um sacramento-compromisso para a vida toda. Casamento é um projeto no qual as pessoas entram, uma construção lenta, que teve início quando começou o namoro e não está pronto quando celebrado; é agora que começa a se tornar realidade. O casal neocasado está assumindo agora um novo estado, que vai se construindo enquanto dura a vida.

É bem verdade que nós nos formamos na convicção segura da indissolubilidade irrevogável do casamento. "Até que a morte os separe", dizia muitas vezes o celebrante no final da liturgia. Separações sempre aconteceram, mas, até algum tempo atrás, eram de fato muito raras. A indissolubilidade foi, no passado, muito mais tranquila. A Igreja lutou muito contra o divórcio civil, que hoje é comum quase universalmente, e nem se fala mais sobre o assunto. Descasa-se e, bem logo, casa-se de novo, com muita facilidade.

Um levantamento do Instituto de Pesquisa Econômica Aplicada – IPEA – usando números de 1996, coletados pelo Instituto Brasileiro de Geografia e Estatística – IBGE –, revela que 69% dos brasileiros de 25 a 35 anos vivem vida conjugal. Entre estes, 31% vivem as chamadas "uniões informais", ou seja, não são formalmente casados. Nunca foi tão grande o número de casais vivendo juntos sem ter passado pelo cartório ou pela igreja, caracterizando uma nova maneira de as pessoas se relacionarem. Oito em cada dez homens separados se juntam a uma mulher solteira bem mais jovem do que eles. Grande número de casamentos registrados no Brasil termina em até dez anos, segundo a mesma pesquisa.

A dissolubilidade ou não do casamento religioso tem sido a grande questão, sobretudo depois da legalização do divórcio, quando aumentam as separações oficiais e as segundas núpcias se multiplicam. A Igreja tem a indissolubilidade do casamento como um dos seus dogmas. É a base da vida conjugal assumida com maturidade e responsabilidade, é a segurança de novas vidas que chegam e se formam. "O que Deus uniu o homem não separe", disse Cristo. Todavia, é preciso que se pergunte: de todos os que se casam, quantos têm consciência de assumir o casamento como compromisso sacramental diante de Deus? Quantos casamentos são preparados e realizados com maturidade humana suficiente? Então, o que se faz de qualquer modo de qualquer modo se desfaz. Muitos são celebrados com grandes pompas, mas vazios de fé e, bem logo, também desprovidos de amor e de fidelidade! Amor que é despojamento de si para encontrar o sentido da vida com outro(a) na realização de um projeto no qual se deve trabalhar com muito amor e conscienciosa lucidez. Com frequência recorre-se a tribunais eclesiásticos para sanar ou desfazer decisões tomadas precipitadamente ou sem as devidas condições. Porém, é mínima a porcentagem dos que procuram os recursos das leis canônicas para sanar situações causadas por casamentos nulos de fato, por falta de conhecimento ou condições necessárias para isso.

É preciso reconhecer que os problemas humanos nem sempre são de fácil solução. Contudo, as leis não são feitas em vista de problemas particulares, mas em vista da vida e do bem comum. A estabilidade do casamento é garantia de vida e segurança das pessoas e da família.

7

SEGUNDAS NÚPCIAS

Vamos tentar fazer algumas considerações sobre um assunto bastante difícil: as segundas núpcias, não de viúvos, mas o casamento ou segunda união dos "descasados". Não é fácil abordar esse assunto: nós, Igreja, não temos facilidade para entrar neste campo, quando defendemos com tanta firmeza e tanta convicção a indissolubilidade do matrimônio e ditamos regras e normas para a vida.

Podemos dizer que o amor é a força mais forte que brota da profundidade da vida. Amor que é querer bem, sentir-se bem, identificar-se com outra pessoa no mais íntimo da vida. Ao falar do amor, S. Paulo diz: "Vou indicar para vocês um caminho que ultrapassa a todos: ... ainda que eu tivesse o dom da profecia, o conhecimento de todos os mistérios e de toda a ciência; ainda que eu tivesse toda a fé, ao ponto de transportar montanhas, se não tivesse amor, eu nada seria... o amor é paciente, o amor é prestativo; não é invejoso, não se ostenta, não se incha de orgulho... Nada faz de inconveniente, não procura o seu próprio interesse, não se irrita, não guarda rancor... Tudo desculpa, tudo crê, tudo espera, tudo suporta... Agora permanecem estas três coisas, a fé, a esperança e o amor. A maior delas, porém, é o amor" (1Cor 12,31; 13,1-13).

Nós fazemos poesias, cantamos e decantamos o amor. Gosto de pensar que o amor pode conter poesia, mas o amor é mais prosa do que poesia. O amor quebra diferenças, identifica. Porém, a pessoa é um mundo na sua projeção. Nós somos diferentes e não temos padrão fixo, não somos blocos que se ajuntam uns ao lado dos outros. Muitas vezes, nós nos desajustamos uns dos outros e o amor entre nós não é sempre fácil e tranquilo. Também o amor precisa ser assimilado, como alimento da vida, na convivência. Às vezes, o amor "se machuca", se fere, não é fácil remediar e pode ser bastante difícil se recompor, porque a sensibilidade humana tem reações que surpreendem.

Quando impasses se aprofundam, atritos se transformam em confrontos e até fatos aparentemente banais se tornam muito graves; a vida comum de um casal desaparece e tudo desmorona. O diálogo deixa de existir ou se torna fonte de provocações. São muito frequentes situações em que a continuidade da união não se sustenta, ou já não há união, e tantos casamentos se desfazem. Todos nós conhecemos casos trágicos nos círculos de amizades ou em nossas próprias famílias – na minha família há vários casamentos desfeitos e novas uniões de fato. São tantos os divórcios, separações e também casamentos civis ou novas uniões. É preciso reconhecer que não podemos dormir tranquilos em face de tantas situações que oprimem e massacram pessoas. São problemas profundamente humanos. Separações e divórcios acontecem quase sempre depois de poucos anos de convivência, conforme estatísticas oficiais.

A maioria dos que se separam ou divorciam, sobretudo os homens, não permanecem a sós por muito tempo, mas voltam à vida conjugal com outros amores. Alguns vivem em perfeita normalidade, sem peso de consciência, em segunda união ou segundo casamento civil, reencontrando o senso de família que não tinham com outros pares. Mas são muitos também os que se angustiam por não poderem legitimar religiosamente a nova situação, ou por encontrarem restrição em retornar à prática sacramental, e não têm paz. É uma questão de não fácil solução.

Oficialmente a Igreja tem sido firme em relação aos casais "irregulares". Já se falou que a Igreja precisa ser mãe, que se deve organizar uma pastoral de acolhimento e acompanhamento para estes casais. O Papa João Paulo II, na Exortação Apostólica sinodal *Familiaris Consortio*, de 1981, diz: "Em união com o Sínodo, exorto vivamente aos pastores e a toda a comunidade dos fiéis para que ajude os divorciados, procurando com solícita caridade orientá-los para que não se considerem separados da Igreja, podendo e mesmo devendo, como batizados, participar de sua vida. Sejam eles exortados a escutar a Palavra de Deus, a frequentar o sacrifício da missa, a perseverar na oração, a incrementar as obras de caridade e as iniciativas da comunidade em favor da justiça, e a educar os filhos na fé cristã, a cultivar o espírito e as obras de penitência, para implorar, desta maneira, dia a dia, a graça de Deus. A Igreja reze por eles, anime-os, apresente-se como mãe misericordiosa, e assim os sustenha na fé e na esperança". No entanto, em seguida, acrescenta: "A Igreja contudo reafirma a sua práxis, fundada na Escritura Sagrada, de não admitir na comunhão eucarística os divorciados que contraíram nova união" (F.C. nº 84).

O documento da V Conferência do CELAM de Aparecida, de 2007, nº 437, J, diz: "Para tutelar e apoiar a família, a pastoral familiar pode estimular, entre outras, as seguintes ações: Acompanhar com cuidado, prudência e amor compassivo, seguindo as orientações do Magistério, os casais que vivem em situação irregular, tendo presente que aos divorciados não lhes é permitido comungar. Requerem-se mediações para que a mensagem da salvação chegue a todos. É urgente estimular ações eclesiais, com trabalho interdisciplinar de teologia e ciências humanas, que iluminem a pastoral e a preparação de agentes especializados para o acompanhamento desses irmãos".

Tanto o documento da Santa Sé como o do episcopado da América Latina e do Caribe exortam para que a Igreja seja mãe misericordiosa e organize a sua ação pastoral junto às pessoas envolvidas nesta problemática, mas também, em conformidade com a moral católica, toma um posicionamento firme. Poderíamos questionar: como "iluminar a pastoral a acompanhar a preparação de agentes especializados para acompanhar estes irmãos", se a única solução para que eles voltem à normalidade diante da Igreja e não sejam mais tidos como "irregulares" seria a separação? Há muitas pessoas que estão em nossa caminhada comunitária e eclesial e estão nestas condições. Como questioná-las para que se separem, quando se ajustam muito bem e já são famílias constituídas solidamente? Não é segredo para ninguém que muitas participam normalmente da Eucaristia e, por iniciativa própria, comungam. Não é fácil para nós, como cristãos ou sacerdotes, colocarmo-nos em posição de juízes, para interpelá-las e proibir. Certa vez, Jesus, questionado, disse: "Deus não mandou o seu Filho ao mundo para julgar o mundo, mas para que o mundo seja salvo por ele" (Jo 3,17).

Quem pode participar da Eucaristia? Não sou eu que vou dizer, mas penso que não sou rebelde se digo que a Igreja é mestra, mas ela é, sobretudo, mãe, e mãe precisa ter o senso do amor, é o que afirmam os documentos oficiais citados. A Eucaristia é a mesa do amor e da comunhão e deveria ser aberta a todos os que a procuram num profundo desejo de encontrar Jesus Cristo e os irmãos. Cada pessoa então se posicione em conformidade com a sua sã consciência.

Todos nós nos fazemos um pouco juízes do mundo e da história. Temos a tendência de fazer dos problemas casos jurídicos e morais. Contudo, há muitos conflitos que, mais do que conotarem questões jurídicas ou morais, são problemas da vida, envolvendo com frequência mais pessoas, e as soluções devem ser encontradas por aqueles que neles estão envolvidos e os vivem, e não por outros. Posso até estar errado, mas penso que Deus tem medidas que nem sempre são as nossas. Nós julgamos na base de critérios nossos ou conforme a visão que temos, estabelecemos princípios e fazemos leis. Deus, que conhece as causas e o coração humano muito mais do que nós, julga fundamentado no amor. Geralmente fazemos julgamentos frios das causas e casos – quase sempre estamos por fora, não dentro dos problemas. Quando envolve a vida humana, cada caso merece o respeito que se deve à vida.

Admitimos que precisamos ter normas e que as leis são estabelecidas para o bem comum e não para este ou aquele caso, e muitas vezes sacrificam ou pesam para a minoria. A Igreja, mãe e mestra, é também legisladora e condutora da vida comunitária. E as pessoas que vivem os problemas? Que elas procurem resolvê-los vivendo em profundidade o amor. Superem o egoísmo, saibam sair de si para, no amor, encontrar melhores soluções para a própria vida. Atribui-se a Santo Agostinho a seguinte afirmação: "*ama et fac quod vis*", que poderia ter a tradução livre, mas real: "que você ame e, no amor, faça tudo o que quiser". Então jamais estaria fazendo o que não deve, porque "o amor nada faz de inconveniente" (1Cor 13,3).

Que, na base do amor, todos nós possamos ver, acolher e viver com problemas "insolúveis", e nos relacionemos com os demais como pessoas. E sejamos menos frios e menos imediatistas em nossos juízos. As pessoas precisam de solidariedade e do nosso apoio.

Dizendo isso, não queremos dar a impressão de querer encobrir dificuldades ou encontrar soluções fáceis. Nada é tão fácil, mas também nada é excessivamente difícil quando respeitamos o outro e seu jeito responsável de viver. Não podemos facilitar levianamente tudo, mas também não sejamos radicalmente intransigentes. Nem mandemos ninguém para o inferno. Deus é mais pai do que pensamos.

8
A FAMÍLIA NO MUNDO EM TRANSFORMAÇÃO

Ao falar do casamento, olhando para o passado e o presente, talvez tenhamos acentuado com tinta um tanto forte o negativo, comentando a história passada e o nosso contexto de hoje. Não podemos, porém, dar realce ao negativo diante do casamento e da família. Casamento significa a sacralidade, na celebração e na vida, do amor que une e compromete, e família tem de ser a convivência harmoniosa, na paz e na luta, de pessoas que comungam o mais profundo sentido da vida. Pensando em família, o que nos vem à mente? Um casal com filhos. Família não é conceito mental, é vida concreta. Família é lar, termo que vem do "*focolare*" italiano, que traduzimos por lareira, espécie de fogão que aquece as pessoas no inverno. Lar é o calor humano que mantém a família unida – pais e filhos. Um jovem e uma jovem que se casam já passam a ser uma família autônoma, mas nós temos a convicção que só com o nascimento do primeiro filho ou filha a família se consolida em vista da plenitude. A família é fonte de vida, é vida em formação, qualquer que seja o seu estágio. É fonte de vida antes de tudo para o próprio casal, esposo e esposa que são os primeiros a se beneficiarem da fecundidade que ambos trazem em si. Eles, mutuamente, transmitem e recebem vida. Mas o casal é fecundo, mormente sendo origem de novas vidas que chegam. Criaturas novas que o casal gera no amor, acolhe, embala, forma e projeta para o futuro. A família é um aconchego. Ela nasce pequena, amadurece, torna-se fecunda como fonte e origem da vida. A vida é sempre fértil, sobretudo na convivência familiar.

A família no mundo em transformação

Reconheçamos que, em não muitos anos, a família mudou consideravelmente. Viemos, nós mais velhos, de famílias semipatriarcais, na maioria bastante numerosas. Famílias tranquilas, no mundo do trabalho, com acentuado espírito de obediência, e, às vezes, de austeridade, na coordenação firme dos pais, o que já não acontece hoje. Tanto é que se insistia muito sobre a obediência dos filhos aos pais. Todos nós éramos mais estáveis, e, talvez, mais maleáveis. Aconteceram grandes transformações e avanços em todos os setores da vida. O mundo já não é o mesmo de 50 ou 60 anos atrás. Parece que tudo muda, tudo se transforma. Conquistas nas ciências que evoluíram, conquistas na área da saúde, levando a média etária a crescer muito, passo importante na desintegração do átomo, com todas as suas consequências, conquista do espaço etc. Muito significativamente, na área das comunicações foram dados grandes passos. Hoje se comunica com extraordinária facilidade. O mundo ficou pequeno. Acompanhamos e vemos diretamente, de onde estamos, o que acontece em qualquer ponto do universo. Câmeras captam acontecimentos imprevisíveis e os retransmitem. A televisão é indispensável e o telefone, especialmente o "de bolso" – celular –, sempre mais vai sendo comum em qualquer lugar em que a pessoa esteja, mesmo na zona rural. É lógico que tudo isso incide profundamente na vida da família e que a modernidade e a pós-modernidade levam todos nós, a partir da infância e da adolescência, a mudanças de mentalidade e de modo de pensar e agir. Tudo o que vamos assimilando torna-se vida em nós. A vida não é estática, é movimento, e se faz em conformidade com as circunstâncias e o dinamismo dos tempos. A própria criança hoje tem outra precocidade, os pais se surpreendem com os filhos e, se não os acompanharem, ficam para trás. Já aconteceu de menina engravidar antes dos 10 anos – casos que assustaram o mundo. A vida se desenvolve e amadurece mais precocemente. As crianças têm mais vitalidade e, com frequência, dão o tom e o ritmo à família. Até os brinquedos são outros, os meninos já são pouco levados a fazer "papagaios" ou pipas de papel, nem brincam com carrinhos feitos pelas próprias mãos, e as meninas são menos atraídas por bonecas. Boneca já é folclore do passado, as bonecas de pano... O ritmo da vida é outro, e outros são os interesses que atraem tanto adultos como jovens e crianças.

A própria família vai mudando o seu jeito de ser e viver. A luta pela vida tem exigências maiores e quem não avança regride. Nas grandes cidades, as famílias sempre mais ocupam edifícios residenciais em apartamentos sem áreas exteriores, isolam-se e perdem o contato com o chão onde pisam, se é que ainda pisam o chão. Ou então, muita gente, por motivos de segurança ou outros, transfere-se para condomínios fechados com supervigilância e evitam se abrir para os vizinhos. As famílias são mais introspectivas. Talvez porque quase ninguém confia em ninguém, ou porque nem se pensa em se socializar. Até podemos dizer que vamos nos tornando um mundo de poucos amigos. Já não se fazem as agradáveis visitas domésticas de um tempo.

Quanta gente mora no mesmo edifício, ou lado a lado na mesma rua, e não se conhece e nem quer se conhecer. Isso seria normal e positivo? Há um dito popular que afirma: "Cada um para si e Deus para todos". Será que de fato isso deve ser norma de vida? De fato, cada pessoa e cada família devem pensar em si e em ninguém mais, centralizando-se em si e no seu mundo, numa espécie de egoísmo familiar? Voltemos à afirmação-questionamento do Gênesis: "Não é um bem que o homem viva só". Poderíamos também parafrasear: "Não é um bem que as famílias se fechem, se isolem, vivam sós".

Há anos foi publicado no Brasil um livro com o título: *Nenhum homem é uma ilha*. Insistia que nenhuma pessoa deve se fechar, mas tem a indispensável necessidade de se abrir, de se socializar, se comunicar e conviver com outras pessoas. O ser humano é social por natureza. Diríamos também que nenhuma família é uma ilha, a convivência e a comunicação são necessidades da vida. A família se enriquece abrindo-se para outras famílias, com elas formando convívio, uma *com-vivência*. A vida tem necessidade de ser compartilhada. Ou não vivemos "em sociedade"?

É no mundo em transformação que as famílias devem se colocar e acompanhar ou assumir a sua história, encontrando o seu jeito humano, participativo e corresponsável de ser. São muitos os desafios. Desafios de distanciamento entre famílias e distanciamento entre jovens e adultos, e até entre pais e filhos. A juventude hoje tem o seu mundo próprio. Entre adolescentes e entre jovens se forma uma comunicação mais intensa, e isso é natural. Os jovens e adolescentes têm a sua verdade, o seu conceito sobre os valores e sobre a vida – particularmente no que diz respeito à própria intimidade. Qual o conceito dos adolescentes e dos jovens de hoje sobre a sexualidade, o namoro, a convivência entre masculino e feminino? É comum pensar que sexo é coisa natural, deve desenvolver e acontecer, sem repressão ou cerceamento. Não estaríamos banalizando um valor da vida? A maioria dos adolescentes e jovens tem vida sexual ativa. Fala-se muito da necessidade de os pais darem aos filhos orientação e educação sexual. Mas, quando os pais chegam, se é que chegam, será que não estarão chegando tarde? É um campo delicado e é mais provável que os adolescentes e jovens recebam as primeiras informações no seu contexto do que dos pais.

Em pesquisa em nível nacional da Datafolha, publicada em opúsculo pela *Folha de S. Paulo* em 7 de outubro de 2007, são revelados fatos surpreendentes sobre a vida familiar na atualidade. Falando sobre o namoro entre adolescentes e jovens, afirma que é comum namorados dormirem juntos, até mesmo na adolescência, muitas vezes na casa dos pais dele ou dela e com o consentimento dos mesmos, o que vem sendo considerado perfeitamente normal, segundo a pesquisa.

Como o casal se coloca, como pais, como educadores e formadores, diante dessa realidade? É certo que não se podem traçar linhas e impor com autoridade, mas não seria o caso de se estabelecer um vínculo de comunicação e diálogo entre pais e filhos também no que diz respeito a esta energia humana tão vital e tão forte? Sexo sempre foi tabu em nossa vida. Praticamente em todos os tempos foi pensado e tratado como coisa feia, vergonhosa, da qual não se fala e deve ser encoberta. Sempre se viu no sexo o pecado, até na vida do casal. Isso também na religião, também na Igreja Católica. Houve um tempo em que se dizia que o casal que tivesse intimidades à noite não poderia receber a Eucaristia no dia seguinte. Por quê? Não seria o caso de ver o sexo como parte da nossa própria vida? Deus nos criou sexuados e sexo em si não é pecado nem deve ser execrado, faz parte do que somos.

A sexualidade é, sem dúvida, uma das energias vitais mais fortes que temos em nós. Faz parte do masculino e do feminino que nós somos. Há uma tendência muito comum de reduzir o sexo à genitalidade. Sexo não é uma realidade puramente orgânica, é a constituição da pessoa, é a própria natureza humana. Diz Eduardo Bonnin em seu ótimo livro *Ética Matrimonial, Familiar e Sexual* (Editora Ave Maria, 2003): "Quando o sexo somente se relaciona com as áreas venéreas do corpo humano, ocorre uma mutilação importante do sexual ao limitá-lo à dimensão biológica, esquecendo-se da dimensão pessoal, que é a mais importante. Neste perigo incidiram muitos livros de pedagogia sexual ao reduzi-la a uma fisiologia da sexualidade e da reprodução humana. Também a teologia católica caiu no mesmo erro nos seus manuais tradicionais, quando definiram a virtude da castidade como a virtude que modera o uso da faculdade ou apetite sexual. Dá a impressão que seu campo de ação fecha-se dentro de uma área anatômica concreta" (Capítulo 1).

Porém, o sexo não pode ser banalizado, merece respeito e deve ser visto e discutido com seriedade. Como diz S. Paulo, "os membros do corpo que parecem mais fracos são os mais necessários; e aqueles membros do corpo que parecem menos dignos de honra são os que cercamos de maior honra; e os nossos membros menos decentes nós os tratamos com maior decência; Deus dispôs o corpo de modo a conceder maior honra ao que é menos nobre" (1Cor 12,22-24). Talvez todos nós tenhamos de nos reeducar um pouco mais diante do sexo e da vida. O exercício sexual não pode ser consequência de impulsos físicos ou procurado simplesmente como prazer imediato, mas deve encaixar-se na racionalidade da vida e acontecer como expressão de amor. Uma pessoa que procura outra simplesmente para se satisfazer profana o amor.

Causou espécie quando o papa Bento XVI, na sua viagem ao Brasil em 2007, falando para aproximadamente 40.000 jovens reunidos, em um estádio esportivo, fez referência à família, casamento, namoro e sexualidade, num tom mais ético e moral. Ele afirmou que o casamento é sagrado e compromisso de vida; que se deve guardar fidelidade no casamento, no noivado e no namoro. A reação na juventude e até nos adultos foi bastante forte. Jornais, revistas e outros meios de comunicação social acentuaram que a Igreja, no seu "moralismo", vai ficando para trás e perdendo terreno. Então, ser fiel ao amor e aos próprios compromissos é moralismo!

Precisamos convir que ética e moral não são invenções de religião ou de Igreja, mas princípios e exigências da própria dignidade da vida e dos valores humanos fundamentais. Como fonte, origem e formadora da vida, a família deve ter respeito pelo que há de mais íntimo na pessoa humana. A degradação sexual é um desrespeito pela própria vida. Uma das múltiplas missões da família é ser fonte da vida e formadora para a vida. O mundo se transforma, transforma-se a família, mas a vida humana deve se apoiar em bases sólidas.

9
A FAMÍLIA NA NOSSA REALIDADE SOCIOECONÔMICA

Em décadas anteriores se falou muito sobre o êxodo rural, como fenômeno preocupante. A agricultura no Brasil mudou muito em poucos anos. A valorização da terra, o agro-hidronegócio em contínuo crescimento, as grandes usinas de açúcar e de álcool, a desenfreada construção de hidrelétricas, o aumento da pecuária em mãos de grandes produtores, os grandes financiamentos para quem oferece garantias, entre outros tantos e profundos impactos sociofamiliares, foram sempre mais obrigando os "pequenos" a se retirarem e abandonar a roça. Nem sempre é fácil resistir, diante de ofertas que se apresentam como muito vantajosas, e quem pensa fazer grande negócio vendendo a sua pequena propriedade muda-se para pequenas ou grandes cidades, em contexto que não é o seu, correndo o risco de bem logo perder tudo o que tinha. De outro lado, um camponês já um tanto cansado que perde o seu emprego na sua área dificilmente encontra outra colocação, e é constrangido a procurar trabalho alhures, longe do seu *habitat* natural.

Talvez os mais teimosos se solidarizem e se organizem, como no forte Movimento dos Sem-Terra, mas não têm vitória assegurada com facilidade. A luta pela terra e por um lugar ao sol não é revolução das "esquerdas", como muitas vezes se diz, mas daqueles que já estão sofrendo uma revolução. É o que estamos vendo hoje no Brasil. Tantos outros vão engrossar as periferias urbanas, formando uma população insegura, à procura de meios de subsistência. É uma nova conjuntura que incide na vida das pessoas e, sobretudo, no ritmo de vida das famílias. Como sobrevive a família empobrecida? Cada cônjuge trabalha para um lado, com horários diferentes. Já não se encontram nem para as refeições em comum e há poucos momentos que os levam à comunhão – quase sempre os filhos menores passam o dia em creches e os adolescentes na escola, quando estudam. Os que não estudam se amargam nas ruas. Mesmo quando em casa, as pessoas pouco se comunicam. A televisão sempre ligada, com as suas telenovelas ou atrações superficiais, contribui para a desagregação da vida familiar, que vai perdendo o senso do aconchego. A religião popular, que sempre foi forte em nosso povo, também entra em decadência. É comum que muitos recorram às Igrejas mais ao alcance das mãos, que proliferam em todas as periferias, e a Igreja católica quase não chega até lá. A família passa por certa diáspora, isto é, passa a viver em um mundo que não era nem é o seu, e vai adquirindo outros costumes. É normal que as crianças, os jovens ou os adultos formem os seus círculos de amizades, por idades ou afinidades, dificultando com frequência os encontros interpessoais familiares.

Em suma, a condição e o lugar socioeconômico do qual a família é fruto determinam o seu perfil e, especialmente nos países do terceiro mundo, a família é intimamente ligada ao contexto em que vive. Queiramos ou não, esta realidade condiciona a família, o seu *modus vivendi*, assumindo e assimilando valores que acabam contribuindo para a desagregação familiar. Penso, no entanto, que não podemos automaticamente transferir esta situação para a categoria de felicidade ou infelicidade, mas não deixa de produzir um clima que não é natural para a família.

Fico imaginando as famílias que vivem nos barracos e palafitas das favelas das grandes e médias cidades ou as moradoras de rua, sem nenhuma perspectiva de vida. São tantas! Onde fica a necessária privacidade conjugal e familiar? Imagino igualmente a realidade das famílias – enriquecidas ou empobrecidas – que possuem um ou mais de seus membros envolvidos no mundo das drogas, que se torna uma alternativa de vida em certos contextos, fazendo os usuários escravos de hábitos contraídos, criando neles quase uma segunda natureza. Onde fica a indispensável segurança e "estabilidade", também emocional dessas famílias? E a dura realidade das famílias que possuem algum ou alguns dos seus membros que vivem a chamada "vida dupla", com relacionamentos afetivos às ocultas? Como medir e sermos solidários com os sofrimentos destas famílias?

Nessas circunstâncias, como manter a unidade e identidade da família? Não tenho conselhos, ainda que, conforme o dito popular, "conselhos e caldo de galinha não fazem mal a ninguém". Permitam-me, porém, que volte ao velho chavão: "Só o amor constrói e o amor é a única força que leva à unidade". Permitam-me também que eu diga: não é verdade que as famílias "abastadas" vivam melhor e sejam mais felizes que as empobrecidas. Quem jurou amor e fidelidade jurou para enfrentar juntos todas as lutas e impasses da vida. O pessimismo e o derrotismo levam a morrer mais cedo, a esperança leva a lutar por aquilo que se espera. Não nos esqueçamos de que Jesus Cristo teve uma preocupação maior e um amor preferencial pelos pobres. Ele disse: "O Espírito do Senhor está sobre mim, porque ele me consagrou com a unção para anunciar a Boa-notícia aos pobres: enviou-me para proclamar a libertação aos presos e aos cegos a recuperação da vista; para libertar os oprimidos, e para proclamar um ano da graça do Senhor" (Lc 4,18-19).

Tomemos consciência, porém, de que o mais fundamental é que todos nós vivamos a bem-aventurança evangélica da pobreza, quebremos os desequilíbrios e vivamos, na fraternidade, a justiça.

Já que conselho não faz mal a ninguém, vai mais um: a sensibilidade e a abertura do casal e da família como um todo para com a alteridade – as outras realidades não vividas por ela mesma – contribuem muito para o amadurecimento e o equilíbrio conjugal e familiar.

10

OS FILHOS

É bem verdade que os filhos diminuíram, em relação a um passado não muito remoto, mas não deixam de ser frutos do amor-doação. Podemos mesmo dizer que os filhos são o amor encarnado. As famílias de anos atrás tinham sempre oito, dez, até treze e quinze filhos. Mas precisamos reconhecer que o mundo já não é o mesmo, a vida mudou e nós também. Hoje há outras exigências, o contexto é outro. O casal se vê na necessidade de programar a família com responsabilidade e o planejamento familiar leva à limitação da prole. Não vamos entrar na questão dos métodos ou meios para isso, são tantos, alguns mais discutíveis, outros perfeitamente bem-aceitos. O importante é que o casal se entenda bem e viva uma sexualidade madura.

Convenhamos: os filhos que chegam são a extensão e a complementação da vida de um casal. Por muito tempo a Igreja ensinou que os filhos são o fim primário do casamento. Já não se insiste nisso, nem eu o diria. Um jovem e uma jovem se casam não para ter filhos, mas para viverem a sua vida em plenitude, porque se descobriram num amor que os identifica, amor que não os leva a olhar para si, mas para o outro, a outra, e aí encontrar o sentido das suas vidas. Porém, não é um bem que o casal exclua de modo absoluto a prole, seria colocar limites à própria vida. E também que os filhos não venham simplesmente por acaso, mas como parte de um projeto de vida familiar.

O filho que chega não é simplesmente vida nova em si, mas traz vida nova também para os próprios pais. É a fecundidade da vida para outras vidas. Tudo muda para o casal com a primeira paternidade/maternidade. Agora eles já não vivem mais para si, mas em função da vida das suas vidas que está aninhando entre eles. O casal sente-se mais família e tem outra motivação para se abrir para o mundo, para o futuro. Ambos percebem que o(a) filho(a) não é simplesmente consequência de uma intimidade sexual, ainda que tenha origem aí, mas é fruto da intimidade das suas vidas, na fecundidade do amor que os une. Pai e mãe já não percebem o peso do próprio trabalho, nem sentem cansaço pelas noites maldormidas, tudo agora faz parte da vida deles. É realmente como disse Jesus: a mulher que tem um filho já não se lembra das dores do parto, pela alegria da vida nova que preenche a sua vida (Jo 16,21). Aos poucos, pai e mãe vão percebendo que nem tudo é fácil, mas também nada é excessivamente difícil e nenhuma fadiga é insuportável. Os pais não percebem o peso do filho que levam nos braços. É um fato interessante: às vezes vemos um pai ou uma mãe carregando uma criança já bastante crescida. Se a tomamos nos braços, depois de um minuto, já a achamos pesada. Os pais não percebem isso. O filho que se ama nunca pesa. A família vai amadurecendo com o passar dos dias. As crianças crescem, a família se consolida. Os filhos são o complemento da vida dos pais.

Talvez tenha havido mudança no modo de ser e na estruturação da família. Tempos atrás se insistia mais sobre a "autoridade" dos pais, particularmente do pai, e era comum acentuar a necessidade da "obediência" dos filhos. Já S. Paulo insistia: "Filhos, obedeçam a seus pais no Senhor, pois isso é justo. Honrem seu pai e sua mãe". Mas ele acrescentava: "Pais, não deem aos filhos motivo de revolta contra vocês, criem os filhos educando-os e corrigindo-os como quer o Senhor" (Ef 6,1-4). Então, obediência sim, mas que os pais não aborreçam os filhos. Nós, mais velhos, tivemos uma infância e adolescência pautada na obediência. Até mesmo o castigo e a "vara de marmelo" eram comuns, faziam parte. Isso hoje já é muito raro. Já houve casos em que e os pais foram processados por castigarem ou surrarem os filhos. O relacionamento pais e filhos atualmente é mais íntimo, e isso é bonito. Pais e filhos se tratam como "você" e não "senhor, senhora", que davam sensação de certo distanciamento. É lindo ver um pai deitado no chão brincando com seu filhinho. Os pais hoje descem mais ao nível dos filhos. Até poderíamos dizer: os pais educam os filhos, mas, sobretudo, são educados por eles. A formação humana nunca acaba, a pessoa está sempre evoluindo – também os pais precisam se formar. Eles, pais, hoje voltam à escola no seu sentido mais amplo.

Com os filhos os pais não falam a sós, como que de cima para baixo, mas dialogam. Diálogo não é monólogo, nem simples conversa, é intercomunicação. Diálogo-comunicação que cresce e se aprofunda, em conformidade com a idade e situação de cada filho/filha. É uma comunhão de vidas. É na família que as pessoas se unem com maior intensidade, num intercâmbio de confiança e de amor. Podem até vir tempestades, mas os vendavais não derrubam a casa nem os frutos da árvore da vida, porque a casa fundamentada na pedra não cai com os vendavais e tempestades (Mt 7,24-25).

Gosto de pensar que os filhos nascem para participar, herdar, do patrimônio de vida da família. Não apenas como herdeiros dos bens financeiros, mas de todos os valores que a família tem e vive. Nessa participação, os filhos crescem e amadurecem. Se a religião e a fé forem valores da família, os filhos entram de modo natural nisso. Os filhos herdam a religião e a fé dos pais, como valores da família. É por isso que se pode considerar perfeitamente normal que as crianças, mesmo recém-nascidas, sejam batizadas, porque elas nascem para a vida da família, e religião também é vida, é patrimônio da família. Elas são acolhidas e assumem a vida dos pais, a partir do berço, e também a vida da fé. A primeira formação humana e religiosa é aquela que se recebe na família, mais do que na escola ou na catequese paroquial, que deveriam estar conjugadas com a família. Escola, Igreja, família se complementam para a formação integral. Então o batismo de crianças não seria uma imposição, mas um nascimento normal na fé que os pais vivem. É no germe da vida que está toda a potencialidade do futuro. A criança começa a amar e aprende o nome de Deus nos braços dos pais. É aí que tem início a formação da pessoa. Muitas vezes se preocupa com os filhos que, na adolescência, voltam-se muito para si, deixando de lado até a prática religiosa. Porém, se não faltar o testemunho de fé e de amor dos pais, não se deve preocupar, tudo está salvo.

Há algo que me parece fundamental: os pais não geram filhos para si, mas para que eles vivam a sua vida e sejam autônomos. Os pais podem orientar, indicar caminhos, mas não podem impor aos filhos os seus próprios princípios. Ao chegar o momento do discernimento, eles devem assumir a sua vida e as suas opções, e os pais devem respeitá-los. Não se pode, entretanto, negar o direito ao diálogo.

E os conflitos entre pais e filhos, entre irmãos? Até podem acontecer. Mesmo dentro de uma família bem sintonizada cada um tem a sua personalidade, sua forma de ver as coisas, o seu jeito de ser, sentir e agir. É normal que nem todos pensem de modo igual e que aconteçam desencontros. É na diversidade entre nós que está a nossa riqueza, é nas diferenças que nos completamos. Deve-se preocupar porém quando as posições são radicais e irredutíveis ou as imposições tornam impossível a aproximação, o diálogo e a convivência.

Temos de convir que cada pessoa é única no mundo, não existem pessoas totalmente iguais. Nós somos identificáveis em qualquer lugar do universo que nos encontremos. Não há nada de semelhante em nenhuma espécie de seres vivos. E, porque somos diferentes, temos de ser aceitos e respeitados como diferentes. Só somos iguais na dignidade e nos nossos direitos.

Há, todavia, algo que nos aproxima e nos une e ajuda a quebrar as diferenças: só o amor leva à superação de barreiras e a vencer as desigualdades. Aliás, o amor nos faz iguais. É por isso que Jesus Cristo tanto insistiu sobre o amor que identifica e diz em seu mandamento novo: "amai-vos uns aos outros como eu vos amei" (Mt 22,39; Mc 12,28-31; Lc 10,25.28; Jo 13,34-35). De fato, só o amor leva a pessoa a sair de si para encontrar o próximo na vida e na convivência. É nas diferenças que a família forma unidade. Só no amor as pessoas se entendem.

11

PELA VIDA

Como dissemos anteriormente, a família está na origem da vida. Ela a gera, acolhe, desenvolve, forma, leva à maturidade. Deve ser sempre protetora, garantia de segurança da vida em todas as suas fases, como todos nós devemos ser acolhedores e defensores da vida. Ser fecundo não é simplesmente colocar um ato que dá origem à vida, ser fecundo é ser potencialidade de vida, produzir, promover e defender a vida.

A defesa da vida deve se abrir num leque muito amplo. Defender a vida é antes de tudo se bater pelos direitos da pessoa como pessoa. Então a defesa da vida implica, sobretudo, a promoção da justiça. Só a justiça traz equilíbrio e respeito. Toda injustiça é menosprezo pelo direito e pela vida. A violência, a corrupção, a ganância, o passar os outros para trás são desrespeitos à vida e aos direitos de cada um. Todo atentado direto contra a vida se constitui em crime contra a pessoa.

Um dos assuntos mais polêmicos, particularmente nos últimos tempos, tem sido o aborto, isto é, a interrupção direta da gestação ou a ação contra a vida no seio materno e, do outro lado, a defesa da vida desde a fecundação. Nessa controvérsia se apelam para os mais variados argumentos e se diz que o mais forte obstáculo à discriminalização do aborto é de ordem religiosa, uma vez que quase todas as linhas religiosas são contra essa prática. Penso, porém, que deveríamos partir do seguinte pressuposto: a defesa da vida não é simplesmente preceito moral ou religioso, mas é exigência da justiça, da ética e dos direitos humanos. Tirar a vida de alguém, a partir da fecundação, não é simplesmente ir contra a consciência religiosa, mas contra a consciência humana. Opor-se ao aborto não é capricho religioso, mas dever da humanidade.

Hoje se discute muito o aborto, então tomamos a liberdade de entrar também nesta discussão, uma vez que o nosso assunto aqui é a família. Fala-se de discriminação ou liberação do aborto, deixando a critério da mulher ou do casal a interrupção da gestação, quando eles tiverem motivos ponderáveis para isso. Em alguns países o aborto já foi oficialmente discriminalizado; no Brasil, há uma tendência de se fazer um *referendum* ou plebiscito, para conhecer a opinião da maioria. Como fazer plebiscito em matéria de tanta relevância e de implicações tão sérias? Faz-se mister convir que, mesmo diante de motivos graves, agir diretamente contra a vida é homicídio, não é questão de direito da mãe ou do casal.

O que realmente está em jogo? É comum dizer que o que está em jogo é a liberdade da mulher diante do próprio corpo e da própria vida, em face de uma gravidez indesejada, que comporte riscos, ou como consequência de violência. Não é admissível justificar a campanha pelo aborto argumentando que o Brasil é um Estado laico, quando a defesa da vida não é uma prerrogativa religiosa, mas exigência da dignidade e do valor da vida. Até que ponto pode-se dizer que o embrião ou o feto, que está no seio da mãe, não é uma pessoa? Uma vez concebido, o feto já não é uma vida em desenvolvimento?

Em ótimo trabalho com o título *O direito à vida, desde que momento?*, a Dra. Emida Bergamini Miotto, Juspenitencialista, professora de Criminologia e Vitimologia, afirma: "Na fecundação uma vida nova tem início. Esta já não é mais a vida da mãe ou do pai, é uma vida própria. Quando tem início uma vida que, por direito, deve ser defendida? A este respeito há opiniões diversas. Há quem diz que a vida realmente humana só tem início mais tarde. Especialistas em Medicina, Biologia, Genética e ciências afins apresentam sólidos argumentos em favor do início do ciclo vital de uma pessoa humana no instante da concepção, isto é, na união do óvulo e do espermatozoide; o ser humano unicelular já tem o seu próprio código genético; as características marcantes do pai e da mãe permanecerão as mesmas, imutáveis, o que quer dizer que ele é e será sempre o mesmo e diferente de todos os demais" (internet, verbete *aborto*).

Sérgio Ferraz, jurista, professor e advogado, assim se expressa: "Uma coisa é indiscutível: desde a concepção, o que se tem é vida, diferente do espermatozoide e do óvulo; vida diferente do pai e da mãe, mas *vida humana*, se pai e mãe são humanos. Pré-embriologia no início, embriologia, após, vida humana. Em suma, desde a concepção há vida nascente, a ser tutelada" (*Manipulações biológicas e princípios constitucionais; uma introdução*. Porto Alegre, Fabris, 1991, p. 47).

Tendo direito à vida desde a concepção, o nascituro tem dignidade humana que deve ser reconhecida, respeitada e protegida.

Citação da Dra. Amida Bergamini Miotto, no texto em questão: "O Conselho da Europa expediu (1986) Recomendação sobre 'Os direitos do embrião humano'. Nela se lê: '5. Considerando que desde o momento da fecundação dos óvulos a vida humana se desenvolve com um projeto contínuo' (...) '8. Tendo a convicção de que, em vista de um progresso científico que torne possível intervir no desenvolvimento da vida humana desde o momento da fecundação, é motivo de urgência a extensão de sua proteção legal'; '10. Considerando que os embriões e os fetos devem ser tratados em todas as circunstâncias com o respeito devido à dignidade humana'".

O jurista brasileiro de grande renome Ives Gandra da Silva Martins, em artigo na *Folha de S. Paulo* 15/06/2007, diz: "Nos temas da proteção à vida, a ciência moderna comprova que ela se dá a partir da concepção, o que já impõe substancial amparo jurídico do Estado. A proteção constitucional e legal à vida – única e irrepetível – a partir do seu início confirma, pois, o que algumas das maiores religiões já afirmam desde tempos imemoriais.

Assim, quando defrontamos com temas como o aborto, pesquisas com células-tronco embrionárias, comercialização de embriões humanos por clínicas de fertilização, não se pode calar a manifestação dos cristãos, judeus, muçulmanos e até mesmo ateus como expressão da rica realidade dos que compõem a sociedade brasileira.

Quando se sustenta que o Estado deve ser surdo à religiosidade dos seus cidadãos, na verdade se reveste este mesmo Estado de características pagãs e ateístas que não são e nunca foram albergadas pelas

Constituições brasileiras. A democracia nasce e se desenvolve a partir da pluralidade de ideias e opiniões, e não da ausência delas. É direito e garantia fundamental a livre expressão do pensamento, inclusive para a adequada formação das políticas públicas.

Pretender calar os vários seguimentos religiosos do país não apenas é antidemocrático e inconstitucional, mas traduz comportamento revestido de profunda intolerância e prejudica gravemente a saudável harmonia do todo social brasileiro".

Pela respeitabilidade de Ives Gandra da Silva Martins, nas áreas jurídica e política, esta sua página não deixa de ter um peso.

Como estabelecer prazo para considerar o embrião ou o feto como pessoa, se ele está num processo contínuo de desenvolvimento até o parto? Até que ponto seria lícito tirar uma vida, ainda que seja para defender outra ou lhe evitar riscos?

A Igreja Católica sempre foi muito firme na defesa da vida em todas as suas fases, sendo também contra a pena de morte em quaisquer circunstâncias. O seu Catecismo oficial, publicado pela Santa Sé em 1992, diz: "A vida humana deve ser respeitada e protegida de maneira absoluta a partir do momento da concepção. Desde o primeiro momento da sua existência, o ser humano deve ver reconhecidos os seus direitos de pessoa, entre os quais o direito inviolável de todo ser inocente à vida" (n.º 2.270) (...) "O direito inviolável de todo indivíduo humano inocente à vida constitui um *elemento constitutivo da sociedade civil e da sua legislação*" (n.º 2.273) (...) "Visto que deve ser tratado como pessoa desde a concepção, o embrião deverá ser defendido em sua integridade, cuidado e amado, na medida do possível, como qualquer ser humano" (2.274).

Nesta polêmica não é justo apelar para eventuais lapsos da Igreja no passado, em momentos difíceis da história, como já vimos depois da publicação do artigo do Dr. Ives Gandra da Silva Martins, para dizer que ela não tem idoneidade para tomar posição nesta matéria. A defesa da vida exige não só da Igreja, mas de todo o gênero humano, um posicionamento claro, compatível com a dignidade e o valor da vida.

Costuma-se apelar para a liberdade da mulher, diante de uma gravidez indesejada ou que traga riscos à mãe, casos de estupro, problemas de saúde etc. É preciso, contudo, reconhecer que a grande motivação da luta pela liberação do aborto não é a gravidez que tem como origem o estupro ou a violência, que são casos relativamente raros, ou riscos à mãe, que cuidados médicos maiores podem quase sempre contornar. Mas ainda que não se encontre solução satisfatória, não é lícito sacrificar o embrião ou o feto. Contudo a causa maior de toda a campanha pelo aborto é a excessiva liberdade e liberalidade sexual dos dias atuais. Na mentalidade comum, especialmente da juventude, o sexo é natural na vida e não deve ser reprimido ou controlado. Até no namoro de crianças o relacionamento sexual chega a ser considerado como normal. Há casos em que isto se faz com o consenso dos próprios pais. Ainda que sejam tantos os meios para evitar uma gravidez, podem acontecer surpresas. Então a gestação indesejada pode ser interrompida? É "moralismo" ser contra a interrupção da gestação até o 3.º ou 4.º mês? O óvulo, nos seus primeiros meses, não é pessoa?

É comum ser usado como argumento o fato de milhares de mulheres morrerem em consequência de abortos indiscriminadamente provocados, o que poderia, segundo dizem, ser evitado com assistência médica competente.

Mas não se pode negar que estamos diante de um problema sério e difícil, em que estão em jogo as vidas dos nascituros e também muitas vezes das mães. Nem se pode ignorar o risco dos abortos clandestinos, ceifando vidas de tantas mulheres. Além da situação de fato difícil das mulheres pobres, que engravidam sem condições seguras para a própria vida e para uma maternidade tranquila e feliz.

Reafirmamos, porém, que o grande dever de todos é a proteção e a defesa da vida desde a sua concepção. Colocado um ato que pode dar origem a uma vida, deve-se assumir a responsabilidade por ele e suas consequências. A vida deve ser protegida e defendida sempre.

12

FAMÍLIA – IGREJA DOMÉSTICA

É verdade que, para Paulo e as comunidades primitivas, "Igreja Doméstica" era a Igreja que se reunia nas casas de família, como vemos também nos Atos dos Apóstolos, mas S. João Damasceno, do século IV, significativamente diz que a família é uma "Igreja Doméstica", certamente como uma comunidade de amor e de fé, que se abre para os vizinhos, na constituição de uma comunidade maior. Essa expressão se tornou bastante comum ao falar da família, que é também uma pequena Igreja.

De fato, como a Igreja, a família é formadora da fé e também espaço de culto, é o lugar próprio da religião, porque é onde as pessoas se formam e vivem. Após o Pentecostes, dizem os Atos dos Apóstolos, as comunidades se reuniam nas casas de família para a celebração da Palavra e a "fração do pão". "Eram perseverantes em ouvir o ensinamento dos Apóstolos, na comunhão fraterna, no partir o pão e nas orações. (...) Diariamente, todos juntos, frequentavam o templo e, *nas casas*, partiam o pão, tomando alimento com alegria e simplicidade de coração" (At 2,42.46). A família, comprometida como Igreja, vive e celebra a fé. É de fato uma Igreja doméstica.

Na mais remota antiguidade, os pais tinham prerrogativas sacerdotais, eram os primeiros responsáveis pela formação religiosa e pelo culto. Podemos dizer que, ainda hoje, os pais são os responsáveis pela formação, pela coordenação da família e pela sua religiosidade. A família é uma igreja e os pais têm um sacerdócio. O documento do Concílio Vaticano II *Dignitatis Humanae*, sobre a liberdade religiosa, n.º 5, diz:

"A cada família, pelo fato de ser uma sociedade com direito próprio e primordial, compete o direito de organizar livremente a própria vida religiosa, sob a orientação dos pais. A estes cabe o direito de determinar a formação religiosa a dar aos filhos, segundo as próprias convicções religiosas". S. João Damasceno exorta os cônjuges da sua comunidade eclesial: "Fazei da vossa casa uma Igreja". É importante observar que o casamento, origem da vida familiar, sempre teve na tradição histórica um caráter religioso, dando início a uma nova célula na formação da vida social. Para a Igreja católica, o casamento é um sacramento, um sinal da presença de Deus que santifica a vida e o amor.

Como já observamos anteriormente, a religião faz parte da vida de um povo. O Brasil já foi um país católico, pelo menos oficialmente. Até o século XIX, desde todo o tempo da "colonização", os evangélicos ou membros de quaisquer outras religiões, a não ser a católica, não tinham liberdade para se organizar nem celebrar culto no território brasileiro, o que, aliás, não condiz com os próprios direitos humanos. Ultimamente, outras religiões cristãs têm crescido muito. Talvez possamos dizer que o Brasil é hoje um país cristão, pelo menos nominalmente, mas não se pode dizer que seja um *país católico*. Segundo o recenseamento oficial do IBGE do ano 2000, a população católica do Brasil era de 75,8%, os evangélicos 15,45% e os demais se declaram de outras religiões, como espíritas, umbandistas ou religiões afros, budistas, agnósticos etc. Apenas uma porcentagem mínima se diz sem religião ou que não acredita em Deus. Podemos afirmar que hoje os evangélicos são bem mais do que 15 ou 16 por cento da população. Fala-se muito do seu grande crescimento, sobretudo os pentecostais. Os recenseamentos feitos periodicamente confirmam que, particularmente no Brasil, tem havido progressivo decréscimo do catolicismo em face das demais religiões. É um fenômeno que tem trazido preocupação, sobretudo para a cúpula da Igreja. A Igreja católica no Brasil está diminuindo! Quais são as causas?

Contudo, precisamos chegar ao consenso de que é muito relativa a importância das porcentagens estatísticas, principalmente se concordamos que religião é vida, é compromisso evangélico, muito mais do que o fato de ser batizado ou registrado em determinada igreja. Até podemos concordar que nós, católicos, somos, estatisticamente, grande maioria, mas é bom também nos perguntar se somos maioria, de fato, como Igreja comprometida e no testemunho cristão. As nossas paróquias urbanas abrangem habitualmente de trinta a quarenta mil habitantes, quando não mais. Quantos se relacionam conosco na caminhada de Igreja ou reconhecemos como membros da nossa comunidade? Talvez não conheçamos nem os que residem ao lado da nossa casa. E nós cantamos a peito aberto: "A Igreja é povo que se organiza". Será que, de fato, como povo cristão, estamos nos organizando e vivemos comprometidos com o batismo que recebemos? O papa Paulo VI disse, na bela encíclica *Evangelii nuntiandi:* "A comunidade que se evangeliza se faz evangelizadora". Mas a comunidade *que se evangeliza*, não apenas os que foram batizados quando nasceram. Penso que a nossa maior preocupação deve ser a nossa ação apostólica e pastoral. O Concílio Vaticano II insistiu que toda a Igreja é missionária", "a Igreja é a luz dos povos". A sua missão não consiste em trazer todos para si, mas chegar lá onde estão as pessoas – não consiste em colocar o mundo no seu âmbito, mas chegar ao mundo como sinal e sacramento. Não podemos estar em competição com outras religiões, mas precisamos estar comprometidos na vida e na ação evangélica e evangelizadora.

A grande intuição do papa João XXIII ao abrir o Concílio Vaticano II foi a sua afirmação: "A Igreja deve fazer o seu exame de consciência e se perguntar se ela está falando numa linguagem compreensível às pessoas do mundo de hoje". Esse deve ser também o grande empenho da "igreja doméstica" que é família. Não basta ter a ilusão de que todos são batizados e que os casais se casaram religiosamente. Não é suficiente que se recebam os sacramentos. Cada sacramento traz compromissos que devem ser assumidos na vida. Tenhamos, pois, presente que a grande maioria dos casais cristãos não tem consciência nem vive o sacramento que recebeu. Uma das pastorais em voga é a familiar. Evangelizadoras das famílias deveriam ser as próprias famílias. Temos no Brasil uma infinidade de movimentos familiares – Movimento Familiar Cristão, Equipes de Nossa Senhora, Encontros de Casais com Cristo e tantos outros, em nível nacional, diocesano ou local. São grupos maiores ou menores que se reúnem periodicamente na Palavra de Deus, na oração, na reflexão e na partilha. Alguns têm atividades programáticas e se comprometem com a dinâmica comunitária da Igreja. Às vezes acontece que estes movimentos ou grupos se tornam muito introspectivos, preocupando-se mais com a amizade e a solidariedade entre as pessoas que os compõem e nem sempre se abrem para a pastoral específica. Não é sempre fácil dar um sentido eclesial à própria vida. Até parece que somos formados para viver e não para expandir. Lembremo-nos de que Cristo disse: "Vocês são o sal da terra. E se o sal perder o seu sabor? Não servirá mais para nada, a não ser para ser jogado fora e pisado pelos homens. Vocês são a luz do mundo. Ninguém acende uma lâmpada para a colocar em lugar escondido" (Mt 5,13-14). Ser sal, ser luz, não é compatível com vida acomodada, é compromisso com o Evangelho. As nossas "igrejas domésticas" devem ser evangelizadoras, não no proselitismo, mas vivendo e levando o Evangelho. Não estariam as nossas famílias perdendo a consciência de ser "igreja"?

De outro lado é preciso assumir uma consciência maior, para que a família como tal seja de fato cristã, para que seja "Igreja Doméstica". Com muita frequência se perde a motivação e se cai na monotonia. As solicitações da vida atual são muito fortes. Os pais necessitam ter senso de Igreja e dar testemunho de vida para formar, com os filhos, uma família realmente cristã. É frequente que os filhos, ao entrar na adolescência e na juventude, se tornem mais contestadores e reacionários, e bem logo passem a perder a motivação religiosa. É importante, porém, que na família não prime o espírito da absoluta obrigatoriedade, mas o senso da vida que se vive, nem seja excessivamente pesada a autoridade dos pais. Quando existe comunicação e diálogo aberto e tranquilo entre esposo e esposa, entre pais e filhos, a família se encontra na vida, as dissensões vão sendo superadas e se chega à convergência. Na palavra do próprio Cristo, o maior preceito é o amor. Mas que se viva o amor como necessidade da vida e não por imposição de cima, sob preceito. Mais do que uma lei, o amor faz parte da natureza humana. Como também a oração deve ser vista e assumida muito mais como necessidade para a vida cristã do que por preceito. Só então a família chega a ser "igreja doméstica".

13

FAMÍLIA – FORMADORA PARA A VIDA

De todas as criaturas, a pessoa humana é a única que não nasce pronta, ela deve ser formada para que assuma a vida, passando por longa educação. De um modo geral, todos os animais despontam para a vida mais ou menos autossuficientes. O bezerro sai do útero da mãe andando sozinho e amamenta sem que ninguém o conduza para isso. O pinto sai da casca do ovo comendo quirera e se virando por conta própria. O filhote do pássaro é alimentado pela mãe no ninho só nos primeiros dias e logo passa a voar. Entre os animais, praticamente ninguém tem infância ou é "menor de idade". Nós não nascemos autônomos, temos necessidade da mãe que nos recebe, nos conduz, cuida de nós e nos amamenta. É fundamental para nós o carinho dos pais, da família, das pessoas que nos cercam, para que nos despertemos para a vida. Só depois de mais ou menos um ano nos movimentamos sozinhos e começamos nos alimentar por nossa conta. Carecemos de mais tempo ainda para articularmos as primeiras palavras. Muito devagar o mundo vai se abrindo para nós, muito lentamente aprendemos a nos comunicar, e o nosso próprio pensar se forma aos poucos, dentro do contexto em que vivemos. O nosso desenvolvimento para a inteligência do sentido das coisas é progressivo, mas demorado. Todos os anos da infância, adolescência e juventude são de aprendizado, nós vamos nos fazendo. Só depois dos 18 ou 20 anos somos considerados adultos e assumimos plenamente a responsabilidade pelos nossos atos. A educação e a formação não terminam aí. O estudo e assimilação devem continuar enquanto a pessoa vive.

A educação é um processo vital que a leva a assimilar tudo o que é fundamental para a vida, dando-lhe capacidade para abrir os olhos e a inteligência para a realidade circunstante. Javé disse a Jeremias: "Antes de formar você no ventre de sua mãe, eu o conheci; antes que você fosse dado à luz, eu o consagrei" (Jr 1,5). O conhecimento-chamamento de Deus, na origem da vida, é muito repetido nas Sagradas Escrituras. Podemos dizer que a educação tem início no seio da mãe e a primeira linguagem formadora é o amor-carinho. Bem logo, nos braços da mãe, o bebê dá o seu primeiro sorriso. É a resposta à comunicação formadora. Muito cedo a criança começa o diálogo comunicativo com os pais e demais pessoas com quem convive – é o início do grande labor educativo.

O nosso aprendizado é longo, e não aprendemos sozinhos, temos necessidade de ser formados. O ser humano depende de um ambiente e de outras pessoas na sua formação. Aprendizagem é processo lento e vai acontecendo através dos anos, até parece que se está em crescimento durante toda a vida. A pessoa vai sendo moldada e se formando num trabalho vagaroso e perseverante. Não deixa de ser importante todo o período escolar, mas muito mais básico e fundamental é o desenvolvimento da pessoa no seio doméstico. Família e escola devem ser sempre convergentes. Os pais, letrados ou não, são os primeiros mestres, e a família é o aconchego que forma. Ela deve oferecer ambiente e dar condições à pessoa para que ela vá assumindo a vida. Acalentada pelo clima familiar, a pessoa se faz e se projeta como agente da sua vida e da própria história.

A formação-educação não é simplesmente um ensinamento, é um crescimento na vida e nos seus valores, um alcance do que vai sendo recebido dos pais, da família, da realidade circunstante. Podemos mesmo dizer que, aos poucos, a pessoa vai embebendo a vida.

Quem lança a semente na terra assume responsabilidade pela planta, deve protegê-la e oferecer condições para a sua germinação, crescimento e produção de frutos. Quem planta não pode jogar a semente e dormir em paz, o que plantamos exige de nós uma "paternidade responsável". Assim também é o compromisso de quem gera. A missão da paternidade-maternidade não termina com a fecundação ou o nascimento do filho/filha, é agora que começa. O campo deve ter condições para receber a semente e levá-la a atingir os seus objetivos. A família é o terreno que recebe a vida nova e precisa lhe oferecer possibilidade para que esta vida chegue ao pleno desenvolvimento.

Nestes últimos tempos se fala muito em paternidade-maternidade responsável. Porém, não se deve ser responsável só quanto ao planejamento e controle em relação ao número de filhos, o peso nos ombros aumenta ao receber e acompanhar a prole em todos os estágios da vida. Até diríamos que a pessoa não é formada, ela se forma e deve ter acompanhamento consciente, com competência e carinho, o carinho que é a consequência e o complemento natural do amor. O que realmente forma e faz a pessoa é o amor dos pais e daqueles que com ela convivem.

Há algum tempo, uma mãe, bastante apreensiva, dizia a um sacerdote amigo que os seus filhos resistiam à participação religiosa e se tornavam muito independentes. O padre, que conhecia bem o casal, lhe disse: "Pai bom, mãe boa, podem dormir tranquilos". Pai bom, mãe boa, família aberta ao diálogo, podem de fato dormir tranquilos. É certo que, no mundo sempre mais liberal e secularizado, a concepção que a sociedade, os adolescentes e os jovens têm dos nossos valores fundamentais sempre preocupa. Mas não é encobrindo os acontecimentos, impondo princípios ou criando restrições que se educa. O que forma de fato é a vida dos pais, mais do que aquilo que eles ensinam. A família deve ter clima de confiança e de paz, ser terreno fértil. É necessário, antes de tudo, acompanhar a história e ter discernimento no ritmo e no modo de ser de cada momento. A pessoa não é um bloco de argila que se modela como se quer, dando o perfil que o escultor pretende. É uma vida que cresce e amadurece no respeito à inteligência, à vontade e à liberdade. A pessoa se educa e se forma, inegavelmente, na intimidade do próprio lar.

14

DO AMOR NASCE A POESIA

Gosto de pensar que, muitas vezes, falta poesia na vida, e, com isso, o mundo se torna mais pesado e mais trágico do que rico e belo. Então o viver se faz mais difícil. A gente vive na prosa dura e maçante, passando a ver tudo só em cores escuras e negativas. Tudo aborrece. Não seria o caso de colocar um pouco de poesia na vida e, principalmente, na vida familiar? Romper as amarras, superar o pessimismo, valorizar a inspiração, redescobrir o gosto pela música e pelo belo.

Em entrevista concedida sobre a Teologia da Libertação, Fr. Gustavo Gutierrez, OP, perguntado sobre a poesia, como melhor linguagem para falar de Deus, responde: "A poesia é a melhor linguagem do amor. E Deus é amor. A melhor linguagem para falar de Deus é a poesia. Uma linguagem profunda que vê o mundo e vê a relação com o outro a partir de uma dimensão e uma profundidade que o conceito não oferece. Ainda que não escrevamos poesia, a teologia mesma deve ser sempre uma carta de amor a Deus, à Igreja e ao povo que servimos".

Poeta é o pintor, que dá cores aos quadros da vida e plasma a luta alegre ou dura das pessoas, obriga a pensar e nunca se deixar vencer pelo pessimismo. Poeta é o caricaturista que, com poucos rabiscos, fala mais do que escrevendo páginas. Poeta é quem põe música na prosa para cantar ou declamar a inspiração que é sempre criadora. Poeta é o místico, que contempla a beleza do divino, do humano, da natureza e canta, na fé, os seus louvores. Poeta é o salmista, que canta as alegrias e as dores, a paz e a guerra, a justiça que se constrói na luta de quem, mesmo se derrotado, levanta a cabeça e não perde a fé em Deus, que é sempre pai. Poeta é quem atravessa espinheiros para contemplar a beleza das flores e se embeber no seu perfume. Poeta é quem vence o derrotismo para se fortalecer na esperança que só existe para aquele que se compromete na construção. Poetas são os casais que não perdem a beleza de um carinho e a inspiração de oferecer uma rosa na hora certa. Poetas somos todos nós quando ultrapassamos os obstáculos à alegria e à felicidade procurada. Poetas somos todos nós, também quando as agruras das procelas não nos tiram o gosto de viver. Podemos dizer que todo poeta é um pouco profeta e tem uma sensibilidade própria à leitura dos fatos e da história.

É muito frequente cantar loas ao amor. Porém, o amor não deve ser simplesmente cantado ou decantado, é preciso ser conversado, "prosado", vivido no espírito de luta. Mas quem o conversa e vive tem de ser também poeta. Poesia não é questão de rima, é questão de sensibilidade e de vida. O amor deve ser versejado, cantado, porque, como diz o caboclo brasileiro, "quem canta os seus males espanta".

É triste quando se perde a poesia da vida, quando se percebe que a tristeza chega até os ossos. E é tão bom quando se reencontra a poesia e se tenta ser poeta, passando a ter a alegria de viver, mesmo nas lutas e monotonias do dia a dia. Toda família deveria ter flores em casa, e ter gosto em cultivá-las. Uma roseira ou um vaso de flores são sempre vida. Não flores artificiais, muito menos industrializadas, que nada dizem e nada significam, porque não têm vida. Seria até melhor não tê-las. É muito bom dar uma flor, é um gesto de amor, melhor ainda é ganhar. Já vi muita gente receber presentes valiosos sem demonstrar gratidão. Uma flor, porém, cai dentro do coração e provoca resposta.

Muitos casais entram em crise porque perdem o senso da poesia e não percebem a linguagem da flor. Quando a vida começa a se tornar monótona, os gestos deixam de ter significado e uma pessoa se cansa da outra, tudo fica triste e qualquer coisa provoca conflitos. Então o diálogo já não traz alegria. Quando até a música se torna enfadonha, as coisas realmente vão mal.

Talvez os poetas maiores possam trazer inspiração. Nem precisaria cantar, bastaria dizer:

"Se o azul do céu escurecer/ se a alegria da terra fenecer/ não importa, querida,/ viveremos o nosso amor". Ou então: "Hoje eu quero a rosa,/ a rosa mais linda que houver; / e a primeira estrela que vier/ para enfeitar a noite do meu bem. / Hoje eu quero a paz,/ a paz de criança dormindo/ e o abandono de flores se abrindo,/ quero a alegria do barco voltando,/ a ternura de mãos se encontrando/ para enfeitar a noite do meu bem./ Hoje eu quero o amor,/ o amor mais profundo,/ eu quero toda a beleza do mundo/ para enfeitar a noite do meu bem" etc.

Só poetas são capazes de fazer essas declamações, que não deixam de ser declarações. Confissões de amor, ainda que, às vezes, a céus escuros. Tenho visto casais diametralmente diferentes, no jeito de ser e pensar, no temperamento e no modo de encarar as coisas, e que convivem maravilhosamente bem. Para se ter vida em perfeita harmonia, não é necessário que sejam iguais, mas que ambos sejam capazes de sair de si para se encontrar com o outro. É preciso que ambos tenham sensibilidade à poesia, até sem o saber. Aliás, é bom sermos diferentes. É em nossas diferenças que nos completamos. Como seria monótono se as pessoas fossem todas iguais, pensando exatamente do mesmo modo sobre todas as coisas, tendo sempre maneira idêntica de ação e reação.

E as incompatibilidades? A compatibilidade de pessoas não é feita de iguais, mas de diferentes que se ajustam. Só o amor leva as pessoas a se unir nas diferenças. Há realmente incompatibilidade quando ninguém é capaz de arredar pé e reconhecer o direito de as pessoas terem suas opiniões e posicionamentos, porque cada um vê as coisas no seu enfoque e na sua ótica. Na família, não pode haver vencidos e vencedores, porque, no jogo da vida, ninguém perde ou ganha, as pessoas nunca devem estar em competição, mas sempre em composição, realizando as somas para se dividirem e se compartilharem. E, para compor, é necessário ter sempre um sorriso nos lábios, que as vitórias sejam comuns e haja sensibilidade à poesia. E que ninguém deixe de admirar uma flor. Quem cultiva flores é poeta.

15

O DEVER DE SENTAR

As "Equipes de Nossa Senhora", um movimento de casais muito difuso que, em algumas regiões, tem socializado famílias e dado boa força à pastoral familiar, têm um princípio ao qual os casais procuram ser fiéis: é o que chamam de *"dever de sentar"*. Periodicamente, os casais sentam-se para um diálogo franco, tenham ou não problemas para analisar ou discutir. Aliás, não é um momento para discutir problemas ou confrontar ideias e situações, nem reivindicar, mas uma parada para ambos olharem um pouco para si, no sentido de rever, avaliar, olhar para o presente e para a frente. O dever de sentar é muito valorizado e traz benefícios para o casal e para a família toda. Uma parada para refletir juntos com seriedade sobre a própria caminhada é sempre útil, qualquer que seja a situação em que nos encontramos.

Temos insistido sobre a necessidade do diálogo. Porém, diálogo não é uma simples conversa ou discussão sobre assuntos importantes. Para um bom diálogo, de fato é preciso sentar-se e as pessoas devem estar "desarmadas", com disposição para falar e ouvir. O diálogo de um casal precisa ser certo namoro, tendo como objetivo analisar fatos e situações importantes para ambos e para a família, e daí, se for o caso, tomar atitudes e decisões em comum acordo. É preciso reconhecer que muitas vezes a convivência declina ou deteriora por falta de coragem para se olhar de frente e conversar com liberdade e em profundidade sobre o que se vê e o que se tem dentro de si. É necessário que o dever de sentar-se do casal aconteça num clima de amor e diante de Deus. Mas, para isso, é salutar que haja em ambos disposição para o despojamento. Quem é excessivamente preso às próprias opiniões ou caprichos não tem capacidade para um diálogo sério na construção da unidade. Diálogo não é briga; pelo contrário, é aproximação na comunicação. Para um diálogo sereno e sério, há necessidade de determinação. Muitas vezes, deixamos as coisas irem água abaixo, porque nos falta coragem para parar e enfrentar os fatos. "Quem sabe faz a hora e não espera acontecer", diz Geraldo Vandré na sua canção que teve consequências e marcou época. Não se pode deixar acontecer, é preciso fazer a hora. Nem sempre nos é fácil encontrar jeito e motivação para parar um pouco. Porém, é uma necessidade para se tomar consciência do que ficou para trás, do que está acontecendo e do que poderá vir depois. Isso não deve ser feito por uma pessoa, mas em compartilhamento por aqueles que comungam na vida.

Seria tão bom se esse diálogo construtivo acontecesse não só com o casal, mas também entre pais e filhos e que fosse certa norma da família. Mas dificilmente há clima e oportunidade para a família se encontrar. As solicitações quotidianas e dos compromissos de cada pessoa, as próprias exigências da vida social e profissional amarram muito. Em muitas famílias, não é fácil nem se encontrar para uma refeição comum e tranquila, numa conversa descontraída e agradável, como o momento recomenda. A refeição comum não é só a alimentação que se toma, deveria ser também um momento de se estar juntos à vontade. É também uma alimentação comunitária. Aliás, mesmo que todos estejam em casa, raramente há oportunidade para um encontro, não sobra tempo. Os programas de TV, em sua maioria, vazios de sentido ou de vida, como as benditas novelas da televisão brasileira, levam as pessoas a silenciar. É frequente que em casa haja mais aparelhos de TV, para que possa haver mais opções. Muitos fatores impedem a família de ter um encontro tranquilo e agradável. O problema é mais sério quando as pessoas perdem o gosto de estar em casa, encontrando-se mais à vontade quando se está fora, em rodas de amigos ou em "vira-copos".

Talvez falte um pouco de programação em nossa rotina. Na agitação da vida atual, todos nós precisaríamos nos programar mais e melhor, do contrário seremos levados pela roda viva. Não somos nós que levamos e nem sempre realizamos o que queremos. Tudo vai ficando para depois e não sobra tempo para nada. Acabamos não tendo horário para nada. Muitas vezes, os compromissos, os próprios entretenimentos, levam as pessoas a se desencontrar e ninguém mais se encontra num contato que não se reduza a um "bom dia" e "até logo", se é que ainda costumamos nos saudar entre nós.

Seria tão bom pais e filhos pararem um pouco e realizarem um "dever de sentar-se". E que isso não aconteça fortuitamente, mas haja certo planejamento, uma programação. Quando não programamos a nossa agenda, acabamos não fazendo o que queremos. Seria o momento de um diálogo aberto, franco, sincero e agradável, em que cada um se sentisse completamente à vontade, os pais pudessem falar, ser ouvidos e também ouvir os filhos, qualquer que seja a idade deles. E, porque isso não acontece, poucos têm coragem de se expor ou falar o que pensam. Nessa situação, é frequente que não só os pais, mas toda a família se surpreenda diante de fatos e situações que acabam acontecendo.

A família deve viver na unidade e no encontro, e não na dispersão em que cada um atira para onde quer. Sejam todos capazes de convergir sempre mais.

16
A ORAÇÃO NA FAMÍLIA

A oração é uma necessidade para quem tem fé. Na oração nos convergimos nos mesmos sentimentos, nos comunicamos com Deus e entre nós. Na oração nós falamos e Deus nos fala. O povo de Deus sempre orou, porque sentia Deus perto de si. Vemos no Antigo Testamento um perene diálogo entre o povo e Javé, o Senhor, uma intercomunicação que se tornou vital, intensa e íntima. Esse diálogo formou o povo na sua fé e o levou a estruturar o seu culto. Culto inicialmente realizado na oblação dos frutos da terra e imolação de animais. Ao descer da Arca, "Noé construiu um altar para Javé, tomou animais e aves de toda espécie pura e ofereceu holocausto sobre o altar" (Gn 8,20). Abraão, a caminho da terra da promessa, oferecia sacrifícios a Javé. Culto penitencial, em que o povo reconhecia as próprias limitações e infidelidades, e culto de louvor e gratidão.

Aos poucos, como vemos particularmente no livro do Êxodo, o sacrifício vai se transformando em diálogo e oração. Constatamos mesmo que, na medida em que o relacionamento entre Javé e o povo se intensifica, mais se forma comunidade e melhor se aprende a orar. Cria-se consciência de que Javé salva, liberta, conduz. Na fé em Deus presente na história, o povo se forma na oração. Deus não está distante, está no caminho da gente, está na vida. Nem é só o povo que fala, também Deus fala. A Aliança de Deus com o povo sempre foi compromisso bilateral, de parte a parte, Javé o exige.

Encontramos na Bíblia diálogos vitais e orações belíssimas. É frequente também que estas orações não sejam muito claras, fala-se de sofrimentos, de vinganças e guerras, porque a vida não é sempre serena e tranquila. A oração é a expressão do momento que se vive na fé. Às vezes, orar não comporta palavras, se reduz a estar na presença de Deus. Moisés, no monte Sinai, simplesmente se coloca na presença de Javé. Também o silêncio é oração. É nesta consciência de que Deus está presente que o povo vai criando a sua liturgia, o seu culto – o culto nasce da vida. Criam-se hinos e salmos que se cantam e que se oram. Os salmos bíblicos não vêm de um único autor nem foram escritos numa só época, mas foram redigidos através de séculos, como expressão de oração na fé do povo. Os salmos contêm quase de tudo, há muito de paz e de guerra, de vida e de morte, de harmonia, mas também de vingança. Pede-se a Deus que salve, mas também se suplica a Deus que arrase os inimigos. Diz Frei Carlos Mesters: "Não se deve considerar os salmos como expressão mais perfeita de oração. Há salmos bonitos e há salmos imperfeitos, salmos que literalmente são um primor e outros que não passam de um plágio"... "Nos salmos se reflete a história milenar da lenta ascensão do homem para Deus e da nossa progressiva libertação pelo contato com Deus" (*Deus, onde estás?* Ed. Vozes, 7.ª ed., p. 142). Os salmos refletem os altos e baixos da vida e da fé. As pessoas se relacionam entre si e com Deus em conformidade com as contingências do momento.

Nos salmos, o povo de Deus ora e canta tanto as suas vitórias como os fracassos e derrotas, e também as ruínas do inimigo. Tomo a liberdade de transcrever o belíssimo salmo do capítulo 15 do Êxodo. É muito bonito para ficar apenas na citação:

"Nessa ocasião, Moisés e os filhos de Israel entoaram este canto a Javé:

> *Vou cantar a Javé, pois sua vitória é sublime: ele atirou no mar carros e cavalos. Javé é minha força e meu canto, ele foi a minha salvação. Ele é o meu Deus: eu o louvarei, é o Deus de meu pai: eu o exaltarei. Javé é guerreiro, seu nome é Javé. Ele atirou no Mar Vermelho a elite das tropas: as ondas os cobriram, e eles afundaram como pedras. Tua direita, Javé, é terrível em poder, tua direita, Javé, aniquila o inimigo; com sublime grandeza abates teus adversários, desencadeias tua ira, e ela os devora como palha. Ao sopro de tuas narinas, as águas se amontoam, e as ondas se levantam como represa; as vagas se conge-*

lam no meio do mar. O inimigo dizia: Vou persegui-los, vou tirar a minha espada e minha mão os agarrará. Teu vento soprou e o mar os cobriu: caíram como chumbo nas águas profundas. Qual Deus é como tu, Javé? Quem é como tu, ó Magnífico, terrível em proezas, autor de maravilhas? Estendeste a direita, e a terra os engoliu. Guiaste com amor o povo que redimiste, e o levaste com poder para tua morada santa. Os povos ouviram e tremeram, e o temor se espalhou entre os governantes filisteus, e os chefes de Edom ficaram com medo. O temor dominou os nobres de Moab; os governantes de Canaã cambaleiam todos. Sobre todos eles cai o tremor e o temor. A grandeza de teu braço os deixou perturbados, até que teu povo atravesse, ó Javé, até que passe este povo que conquistaste. Tu o conduzes e o plantas sobre o monte da tua herança, no lugar em que fizeste o teu trono, ó Javé, no santuário que tuas mãos prepararam. Javé reina sempre e eternamente" (Ex 15,1-18).

Sem comentários. Qualquer comentário poderia trazer sombra à beleza desse hino que é uma oração de gratidão e de confiança ao Deus que conduz e salva. A partir do Novo Testamento, a oração é mais perfeita, porque se sente que Deus está mais perto.

Vemos Jesus Cristo nos seus grandes momentos de oração. Principalmente S. Lucas, no seu Evangelho, apresenta Jesus como um grande orante, nos seus colóquios com o Pai. "Nesses dias, Jesus foi para a montanha a fim de rezar. E passou toda a noite em oração a Deus. Ao amanhecer, chamou os discípulos e escolheu doze entre eles, aos quais deu o nome de Apóstolos" (Lc 6,12-13). Ele estava para tomar uma atitude no sentido de constituir a base da sua futura Igreja, era muito importante que essa escolha fosse precedida por longa oração. Jesus Cristo é o grande orante (cf. Lc 3,21; 5,16; 9,29; 10,21ss.; 11,1; 22,32; 23,34.46).

Os Atos dos Apóstolos falam da oração da comunidade logo depois do Pentecostes. "Eram perseverantes em ouvir os ensinamentos dos Apóstolos, na comunhão fraterna, no partir o pão e nas orações" (At 2,42). "A multidão dos fiéis era um só coração e uma só alma" (At 4,32). "Todos os fiéis se reuniam em grupo no Pórtico de Salomão" (At 5,15). Oração não é questão de palavras, é atitude que se toma na fé diante de Deus presente. "Quando vocês rezarem, não usem muitas palavras" (Mt 6,7).

A oração sempre foi o forte da Igreja de todos os tempos, com destaque na comunitária, pessoal, contemplativa. Oração é um mergulhar-se em Deus, *contemplar* a Deus. Quem contempla não fala, extasia-se diante da maravilha que vê. Quem contempla a beleza do firmamento ou de algo que o atrai profundamente não fala, entra em profundo silêncio. Assim também o silêncio contemplativo é oração.

A oração é expressão da fé, e a oração alimenta e mantém a mesma fé. A nossa formação nos ensinou ver a oração, a Eucaristia, os Sacramentos, como preceitos. Confesso que não gosto de ver a oração como mandamento ou preceito. Muito mais do que obrigações, os contatos que mantemos com Deus são fontes da vida e da fé, necessidades para a vida cristã. Não participamos da Eucaristia, não rezamos, para cumprir prescrições ou obedecer às leis, mas porque, sem a Eucaristia e a oração, não vivemos como cristãos, assim como não nos alimentamos porque somos obrigados, mas para viver. A oração é natural para a nossa vida cristã, como o alimento o é para a nossa vida.

E a família? Diríamos que a família, que tem origem em um sacramento e na fé, conserva-se na vida cristã pela fé, é comprometida com o Evangelho. A família, que é "igreja doméstica", não subsiste sem a oração. Como entre os membros da família, esposos, pais e filhos, a intercomunicação e o diálogo são fundamentais para a vida, a família cristã, que vive iluminada pela fé, deve ser orante, no sentido mais amplo: na súplica, na ação de graças, na contemplação. Lembro-me do meu pai roceiro: quando se colocava à mesa, ficava de pé, fazia o sinal da cruz e permanecia breve tempo em silêncio. Nem precisava dizer nada, aquilo mexia conosco. O testemunho é sumamente importante, principalmente quando parte dos pais.

Toda a vida cristã deve ter uma base, e esta base se forma na família. Não basta ser batizado nos primeiros meses para ser cristão. A árvore, que vem da semente, não nasce feita, ela se faz lentamente. Assim é a nossa vida, também a vivência cristã. A própria fé, infusa no batismo, se forma na medida em que a vida se consolida. Fé não é simples ato de acreditar, é compromisso e vida que se vive. A oração não pode ser forçada, deve ser expressão da vida de quem crê e sinal distintivo natural da vida realmente cristã. Se a oração é um hábito nosso, deve ser também um costume da família. Seria tão bom se cada família tivesse a sua liturgia, a sua celebração, por simples que fosse. Em nosso tempo de crianças, fazia tão bem para nós quando os nossos pais, aos domingos, nos colocavam na carrocinha, puxada por burros, e nos levavam à missa na cidade, e quando íamos juntos à "reza" na capela do bairro, ou quando nos reuníamos em casa para a recitação do "terço". Para a sua própria formação, a família precisa disso.

17

AINDA HÁ ESPAÇOS PARA A PASTORAL FAMILIAR?

Antes de tudo, o que é pastoral? A Igreja é pastora, e pastoral é toda a sua ação evangelizadora. Jesus disse: "Eu sou o bom pastor: conheço as minhas ovelhas e elas me conhecem" (Jo 10,14). E, na sua primeira aparição depois de ressuscitado, disse aos discípulos: "Assim como o Pai me enviou, eu também envio vocês" (Jo 20,21). Ele envia para serem pastores. Então pastoreio é a ação de Jesus e pastoreio deve ser também a ação da Igreja. Pastoral familiar é a presença e a ação da Igreja na evangelização da família. Há espaços, ainda hoje, para a pastoral familiar? Confesso que essa pergunta, que há dias um irmão no sacerdócio me fez, traz certa angústia para todos nós que estamos envolvidos na dinâmica da Igreja no seu pastoreio.

Já o Documento da Conferência Episcopal Latino-Americana, de Medellín, de 1968, diz: "Ainda mais por sua condição de formadora das pessoas, educadora na fé e promotora do desenvolvimento, mas também a fim de sanar todas as carências, de que padece e que têm graves consequências, julgamos necessário dar à pastoral familiar uma prioridade na planificação da Pastoral de Conjunto; sugerimos que esta seja planejada em diálogo com os casais que, por sua experiência humana e pelo carisma próprio do sacramento do matrimônio, podem auxiliar eficazmente em sua elaboração" (Medellín, *Família e demografia*, n.º 12 b). "Dar prioridade à pastoral familiar na planificação da Pastoral de Conjunto." E daí? Temos hoje, no espírito do Vaticano II e de Medellín, uma pastoral familiar planejada? Há anos, trabalho com casais, mas abaixo a cabeça e bato no peito: temos movimentos ou agrupamentos de casais, de inspiração nacional, diocesana ou local, mas será que temos uma pastoral familiar planejada satisfatória, com linhas mestras claras? Ainda que possamos reconhecer que a pastoral não é prerrogativa do clero, mas da Igreja-povo de Deus, isso não nos ajuda a dormir tranquilos, pelo contrário. Temos em nossas dioceses e paróquias algo da pastoral familiar, mas é nosso dever questionar se temos uma ação pastoral bem planejada nessa área. Então a pergunta inicial continua nos incomodando: "ainda há espaços para a pastoral familiar"? Talvez não estejamos ocupando satisfatoriamente os espaços que temos.

A Conferência de Medellín, nos números 13-20 do documento *Família e demografia*, apresenta algumas metas e orientações fundamentais:

- procurar, desde a adolescência, dar uma sólida educação para o amor;
- difundir a ideia e facilitar, na prática, uma preparação para o matrimônio para todos os que vão se casar;
- elaborar e difundir uma espiritualidade matrimonial baseada numa clara visão do leigo no mundo e na Igreja, e numa teologia do matrimônio como sacramento;
- inculcar nos jovens em geral, e, sobretudo, nos casais jovens, a consciência e a convicção de uma paternidade realmente responsável;
- despertar nos esposos a necessidade do diálogo conjugal;
- facilitar o diálogo entre pais e filhos que ajude a superar, no seio da família, o conflito de gerações;
- fazer com que a família seja verdadeiramente "igreja doméstica", comunidade de fé, de oração, de amor, de ação evangelizadora, escola de catequese;
- levar todas as famílias a uma generosa abertura para as outras famílias, até de concepções cristãs diferentes e, sobretudo, para as famílias marginalizadas ou em processo de desintegração.

Medellín não está defasada depois de mais de quarenta anos. Estas não podem ser metas e orientações aleatórias, mas deveriam entrar num plano concreto de ação e militância. Tenho a impressão de que não estamos conseguindo e a família vai sofrendo os impasses de um agitado mundo em transformação. Todos nós somos o que são as nossas famílias.

É preciso reconhecer que é muito deficiente a nossa ação na formação da juventude. Onde está a grande maioria dos jovens que faz conosco longos cursos e recebe em nossas paróquias a Crisma, como Sacramento do adulto? Constatamos que pouquíssimos continuam compromissados em nossas comunidades. E os demais, que nem se aproximam de nós? São filhos das nossas famílias. Mas nós não perdemos o sono por causa disso.

Os nossos "cursos de noivos", para os quais *obrigamos* todos os que vão se casar na Igreja, são de poucas horas, às vezes ministrados um pouco a "toque de caixa". Quase sempre os noivos saem contentes no fim do dia, mas nem sempre saem habilitados para o casamento-compromisso. É preciso reconhecer que são abordados temas importantes, mas sem tempo ou condições para maiores reflexões ou aprofundamentos.

Concluindo esta reflexão, creio que se pode dizer: ainda hoje há, sim, espaços para a pastoral familiar. Porém, é muito provável que não estejamos ocupando esses espaços em nossa ação evangelizadora. Que esta não seja tanto uma preocupação da Igreja-clero, mas da Igreja-povo de Deus. Todos nós temos responsabilidade no planejamento, para que a nossa pastoral não seja uma evangelização de francos-atiradores.

18
A MATURIDADE –
COMO ENVELHECER DE BEM COM A VIDA?

A vida amadurece, não envelhece. Vida é sempre vida, é uma trajetória na busca de realização plena. Percorremos e guardamos na memória esta trajetória na sua dinâmica crescente. Passamos da infância para a adolescência, para a juventude, para a maturidade, para a "terceira idade" (terceira idade por quê? Ainda não sei), e temos a convicção de que a vida não envelhece, é linear, a mesma e progressiva. Não percebemos em nós fases diferentes ou mudança de uma consciência para outra, nem constatamos transição do ontem para o hoje e daqui para o amanhã. Não se pode dizer: até hoje você era criança, agora passa a ser adolescente, ou: hoje você deixa de ser jovem e passa para a idade adulta. A vida somos nós, na mesma continuidade, é sempre um fazer-se. O tempo passa? Dizemos que sim. Lembro-me da definição do tempo que aprendi nos bancos da escola: "*tempus est mensura motus* – o tempo é a medida do movimento". Porém, medida de algo que é uma constante, nunca chega ao fim. Nessa constância está a vida humana. Não se define a vida, vive-se a vida. Cada pessoa tem a experiência da sua trajetória, que é diferente e única.

É interessante a gente parar e olhar um pouco o caminho percorrido. De minha parte, até os 18 anos, tive calos nas mãos, partilhando com a minha família todo trabalho de pequenos agricultores, roçando, arando terras, plantando, capinando, colhendo, com meus pais e irmãos, o suficiente para a nossa manutenção. Naquela época, nada era mecânico, mas tudo era feito pela força dos braços, tudo dependia das mãos. Com esta idade fiz opção pela vida religiosa e sacerdotal. Não foi fácil interromper tudo, voltar para as salas de aulas depois de longo tempo do encerramento do terceiro ano escolar rural, mas sentia um chamamento de Deus, na fé, lá bem no íntimo. Nem foi fácil deixar pais e irmãos lá na roça. Eu gostava daquela vida. Mas era uma *vocação*, eu sentia que estava sendo chamado. Com 28 anos, fui ordenado sacerdote, terminei o meu curso de teologia e assumi o ministério pastoral. Sentia-me adulto, entretanto me considerava jovem. O aprendizado continuava agora na dinâmica da Igreja.

Como sacerdote, tive a vida muito movimentada. Nos primeiros anos de ministério, me dediquei muito à pastoral rural, identificando-me com o pessoal simples das pequenas comunidades, o mesmo povo no seio do qual nasci e despertei para a vida. Exerci funções de pároco por muitos anos, em pequenas e grandes cidades. Sempre tive um grande leque de amizades, o que muito me ajudou a viver na alegria a fé e a minha opção de vida. A gente percebe que, aos poucos, vai amadurecendo, ainda que nem tudo seja tranquilo. A vida tem de ser uma luta, até mesmo com vitórias e derrotas. Lembro-me do dia em que, ao me barbear, olhando no espelho, descobri o meu primeiro cabelo branco... Confesso que me assustei: "Estou ficando velho...". Todavia me sentia jovem e nem percebia o cansaço. Há tempos eu pensava: "Quando chegar aos 60 anos, estarei velho. Cheguei aos 60, aos 70 e aos 80, sem perceber, suportava bem o peso dos anos. Nunca me senti velho, a vida não deixa de ser a mesma. Seria ilusão minha? Ilusão ou não, esta é a nossa trajetória pessoal. Qualquer que seja a nossa idade, é sempre bom pensarmos um pouco em nossa trajetória. Vamos ver que não existem fases diferentes, a vida é linear, a vida não envelhece, mesmo que não consigamos encontrar nem mais um cabelo preto em nossa cabeça. Ou, por acaso, alguém já se sentiu velho? Não acredito.

Mas há uma coisa que é de suma importância: é preciso gostar de viver e descobrir um modo de envelhecer sempre de bem com a vida. Nunca se deve perder a garra e, usando a expressão popular, não se deve "entregar os tentos". Até podemos dizer que hoje se vive mais do que no passado – a média etária é muito mais alta. A medicina tem dado grandes passos e as pessoas se cuidam mais. É preciso se cuidar. Nem é verdade que os ricos vivem mais do que os pobres. Conheço uma senhora que sempre viveu no sertão, é mãe de muitos filhos, ainda reside em pequena cidade de região tropical, e completou há pouco 103 anos. Está perfeitamente lúcida e gosta de contar as suas estórias. Nem é tão difícil hoje encontrar pessoas centenárias. Mas para isso é preciso estar sempre de bem com a vida.

Porém, para que não nos sintamos idosos e eternamente cansados, uma coisa é sumamente necessária: não podemos "nos aposentar". Infeliz de quem acha que já não precisa mais trabalhar e passa o tempo todo inativo. Ninguém deve se encostar e deixar as águas correrem... Então sim, a pessoa envelhece, encurva-se sob o peso da vida e dos anos, e se sente inútil. É preciso que a cabeça funcione e tenhamos sempre energia para algo mais. O trabalho não é um castigo, é uma necessidade para a vida, é uma realização, não importa o número dos nossos anos. Que ninguém durma até o meio-dia para ter menos tempo para ficar à toa... E que os nossos amores não morram. Sempre digo aos meus amigos: ai de quem se aposenta, volta para casa e não tem nada mais a fazer. Então talvez se torne um peso para a esposa e para os demais.

Não se sinta cansado porque usei muito o termo *trajetória*, é a palavra certa para o nosso caso. Nessa trajetória, qualquer que seja o ponto em que estivermos, a família é de importância fundamental, deve se sentir só. Pode acontecer que vivamos numa família diferente, como nós, religiosos e religiosas, que nos inserimos em outro tipo de vida familiar, em comunidades de pessoas do mesmo sexo. A comunidade é a nossa família. E, permitam-me que eu diga: ninguém se considere solteirão ou solteirona. Até a palavra é pejorativa. Em casa precisamos encontrar a alegria, vivendo em compartilhamento com irmãos ou irmãs. Não nos esqueçamos também: jamais podemos perder o elo que nos liga à família de sangue, a família natural, que é sempre nossa. O sangue sempre fala mais forte. Aqui vivemos o sentido profundo do amor. Não se pode viver sem amar e ser amado.

E que saibamos sempre socializar a vida, as alegrias e as tristezas. É bom nos sentirmos lado a lado, ombro a ombro, compartilhando os momentos bons e o peso da cruz. Também, e, sobretudo, na maturidade, "não é bom que a pessoa se sinta só".

19
FIDELIDADE – A MAIOR EXIGÊNCIA DO AMOR

"*Deus fidelis est*" – "Deus é fiel e sem injustiça: ele é a justiça e a retidão" (Dt 32,4). Ser fiel é honrar compromissos assumidos. Fidelidade é coerência, retidão, justiça. É por isso que o texto bíblico acima acrescenta que Deus é sem injustiça, é justiça e retidão.

A fidelidade é a base da vida familiar. O suporte da família é o amor, e o amor é fiel. Fidelidade é coerência, é transparência, é honrar a própria vida. Nada ofende mais do que a quebra da fidelidade, o descumprimento de compromissos assumidos. É significativo o texto bíblico ligar fidelidade e justiça. Então fidelidade é também respeito aos direitos de cada pessoa. Aqui não há meio-termo, ou é ou não é – não se pode ser "mais ou menos", porque não se ama mais ou menos. O amor é integral, exigente, só existe na totalidade.

O que é fidelidade ao casamento, ao cônjuge, à família? Geralmente se liga a fidelidade no casamento à exclusividade no amor. Porém, sempre pensei que fidelidade aqui não diz respeito unicamente à vida íntima e afetiva pacífica do casal. Um jovem e uma jovem, quando se casam, já devem ter maturidade para um compromisso mútuo sério. Eles não assumem compromissos simplesmente na vida sexual, mas entregam mutuamente as próprias vidas. Por importante que seja, o sexo não é o valor único nem maior da vida. Eles se comprometem à vida comum, que não significa exclusivamente comunhão íntima. Vida a dois no casamento é construir uma só carne, é compartilhar a vida e todos os seus valores. É caminhar num clima de confiança e de doação total. Quando namorados ou esposo e esposa, dizem um ao outro: "Sem você não vivo mais, você é a razão da minha vida", não se está pensando na união sexual, mas no apoio incondicional e no alcance profundo do dever mútuo. É ser de fato um para o outro, é assumir total corresponsabilidade pela vida.

É muito importante pensar nessa fidelidade sem limites. Se uma das partes já não se comunicar com a outra, ou ambas, sentindo-se melhor em contatos com outras pessoas ou ambientes, é porque já se está perdendo o senso da fidelidade conjugal. O compromisso de fidelidade no consentimento mútuo oficial é muito global: "Eu lhe prometo ser fiel na alegria e na tristeza, na saúde e na doença, amando-a (o) e respeitando-a (o) todos os dias da minha vida". Ser fiel sempre, amando e respeitando.

Quando um casal começa a se desentender, o diálogo aberto vai diminuindo e um já não se sente plenamente à vontade diante do outro. O senso da fidelidade começa a desaparecer e tudo vai de mal a pior.

É lógico que é importante a fidelidade conjugal no sentido mais profundo, a exclusividade afetiva. Isso é questão de justiça e de honestidade. Será que um esposo e uma esposa que se identificam e se querem podem descobrir um outro amor na vida? Amor não é amizade, amor no casamento exige exclusividade absoluta. Amor não é satisfação sexual, mas a sexualidade madura só pode acontecer como expressão de doação absoluta entre os que se amam.

É até muito provável que, ao acontecer uma quebra grave de fidelidade íntima num casal, muitas infidelidades igualmente graves já estejam acontecendo. Talvez já não seja mesmo fácil voltar à normalidade, porque já está faltando a base fundamental que é a comunhão de vidas.

E se houver sérios problemas de saúde, da parte de um ou da outra? Lembre-se do seu compromisso inicial: "Prometo-lhe ser fiel na saúde e na doença". É justamente aqui que deve haver imolação total. A sexualidade deve ser vivida numa linha de vida e de racionalidade e não como satisfação imediata de impulsos. Não é nem humano que um dos cônjuges deixe o outro sofrido em casa e procure satisfações alhures. Isso seria o máximo da infidelidade e do egoísmo.

Reflitamos na afirmação do Deuteronômio: "Deus é fiel e sem injustiça: ele é justiça e retidão". Toda infidelidade, em qualquer setor da vida, é uma quebra de justiça.

20
PARAFRASEANDO O CAPÍTULO 13 DE 1COR

S. Paulo termina o capítulo 12 da 1ª carta aos Coríntios dizendo: "Vou indicar para vocês um caminho que ultrapassa a todos". O que ele apresenta em todo o capítulo 13 é uma digressão e um aprofundamento sobre o amor. Aliás, o caminho é o próprio amor. Aqui Paulo se supera, aqui ele é teólogo, é profeta, é literato, é poeta. A vida humana só é realmente humana tendo como base o amor que dá sentido a tudo. Não é suficiente a sabedoria, não basta ser profeta, nem ter fé, porque fé não é simplesmente acreditar. Fé é resposta de vida e só responde quem ama. Só o amor faz a pessoa transparente, ninguém é religioso, ninguém vive a fé se não viver o amor. Nem se deve preocupar com o que é o amor. Amor não se define, só o compreende quem o vive.

Nem tem amor aquele que simplesmente faz doações, mas quem se doa. Não basta colocar à disposição dos pobres o que se tem, é só doando-se que se ama, porque só o amor doação total é caridade. Aquele que doa sem amor não merece resposta nem agradecimento. O próprio martírio só é martírio se for expressão de amor – não basta "entregar o corpo às chamas".

Quem ama nunca tem ódio, seria um contrassenso, porque o amor "é paciente". Quem vive o amor se presta, tem de estar sempre a serviço, porque "o primeiro é aquele que serve", não quem quer ocupar o primeiro lugar. Querer ter o que os outros têm ou ultrapassar os outros são é inveja, é pensar em si. "O amor não é invejoso." Quem ama pensa pouco em si. Orgulho e ostentação são sempre antídotos do amor.

Quem ama tem sempre um posicionamento aberto, não toma atitudes inconvenientes nem procura só o próprio interesse, "não se irrita" nem guarda rancor. Não tolera a injustiça e se alegra com a verdade. Pilatos não sabia o que é a verdade, nem Cristo lhe deu resposta. A verdade é incompatível com o desamor. O amor leva a pessoa a ser condescendente e a suportar tudo na fé e na esperança. O amor é eterno, enquanto as profecias, as línguas e a própria ciência desaparecerão. Limitado é tudo o que somos e temos. Só quando atingirmos a perfeição e vivermos o amor total, os nossos limites terão o seu fim. Quando éramos crianças, todo o nosso pensar, falar e viver eram de crianças. Mas a criança que existia em nós desapareceu quando chegamos à maturidade. A vida só é plena quando se chega à plenitude da consciência.

Contudo, ainda vivemos na penumbra e o nosso conhecimento é limitado. Que seja progressivo o nosso conhecimento até chegarmos ao contato vivo com o Deus infinito e o vejamos face a face, como ele é. A vida humana deve ser assentada sobre três realidades: fé, esperança e amor. "Porém, a maior delas é o amor."

Tenho para mim que se deve pensar muito antes de fazer certos comentários. Corre-se sempre o risco de trazer sombras ao que se comenta e não contribuir em nada para esclarecimento ou compreensão maior. Deveríamos, sim, fazer um bom momento de silêncio e introspecção antes de tentar esclarecer o que em si já é claro. Seja, pois, deixado de lado tudo o que eu disse aqui e se faça silêncio, para a leitura introspectiva dessa carta de S. Paulo, procurando entrar na profundidade da realidade que é o amor.

O casamento é o sacramento do amor e só devem se casar aqueles que sabem sair de si e se amam de fato e vivam este amor que "jamais passará". Quem ama de amor autêntico nunca pode deixar de amar, o amor é subsistente, porque "DEUS É AMOR" (1Jo 4,8).

Sem o amor não há religião, não há verdadeira fé, sem o amor não há esperança. Sem amor não há vida em plenitude. Sem amor-doação não se constrói "uma só carne" na subsistência de mais pessoas. Que, em momentos alegres ou difíceis, nenhum casal deixe de ler e aprofundar junto esse extraordinário poema de Paulo.

BIBLIOGRAFIA

Documentos do Concílio Vaticano II
Documentos da Conferência do CELAM – Medellín
Documento da Conferência do CELAM – Aparecida
Familiaris Consortio – João Paulo II
Catecismo da Igreja Católica – 1992
Deus, onde estás? – Ed. Vozes – Fr. Carlos Mesters
Ética Matrimonial, Familiar e Sexual – Eduardo Bonnin – Ed. Ave Maria\
Religiões no Brasil – Faustino Teixeira – Ed. Vozes
Manipulações Biológicas e Princípios Constitucionais – Uma Introdução – Sérgio Ferraz – Porto Alegre – Fabris, 1991
Família Cristã – Igreja Doméstica – Ed. Loyola – D. Serafim Spreafico, OFMCap.

SUMÁRIO

5	Dedicatória
7	Apresentação
9	Introdução
13	O mundo da família
17	"Uma só carne"
21	Amar é sair de si
25	O casamento
33	Matrimônio – sacramento na vida
35	"Não separe o homem o que Deus uniu"
39	Segundas núpcias
45	A família no mundo em transformação
51	A família na nossa realidade socioeconômica
55	Os filhos
59	Pela vida
65	Família – Igreja doméstica
69	Família – formadora para a vida
73	Do amor nasce a poesia
77	O dever de sentar
81	A oração na família
87	Ainda há espaços para a pastoral familiar?
91	A maturidade – como envelhecer de bem com a vida?
95	Fidelidade – a maior exigência do amor
99	Parafraseando o capítulo 13 de 1Cor
101	Bibliografia